ANNA-MARIA BAUER

VON PALAIS ZU CAFÉ

GLANZ & GLORIE DER
WIENER HERRENGASSE

METROVERLAG

INHALT

DIE HERRENGASSE: EPOCHAL, IMPERIAL, ZENTRAL — 11

ERBAULICHES — 13
EINE STRASSE DER PIONIERE — 15
STATUSSYMBOL PALAIS — 19

AUF DER SUCHE NACH SUPERLATIVEN — 23
HOCH H(IN)AUS - *Herrengasse 6–8* — 25
KARL, DER GROSSE - *Palais Kinsky* — 33

TATORT HERRENGASSE — 37
HELD DURCH NICHTSTUN - *Herrengasse 13* — 39
SPION AUS LEIDENSCHAFT - *Herrengasse 19* — 45

ZUHAUSE IM PALAIS — 53
DER TOLERIERTE JUDE - *Dreilauferhaus/Looshaus* — 55
HARRACHS HERZ FÜR ARME - *Palais Harrach* — 63
FEUER UND EIN FLAMMENDER LIEBHABER - *Palais Wilczek* — 69
PFERDESTÄRKEN UND SINFONIEN - *Palais Kinsky* — 77
TREUE TRAUTTMANSDORFFS - *Palais Trauttmansdorff* — 87

DIE FRAUEN DER HERRENGASSE — 93
DIE FRAUDOKTOR - *Schwarzwaldschule* — 95
DIE SCHÖNE LORI - *Palais Batthyány* — 103
DIE FÜCHSIN - *Palais Mollard-Clary* — 111
DIE SCHWIEGERMUTTER DES KAISERS - *Palais Modena* — 117

DIE HERRENGASSE ALS ARBEITSSTÄTTE   123
ROSEN, TULPEN, NELKEN... - *Herrengasse 10*   125
DAS GESCHÄFT MIT DEM GELD - *Herrengasse 1–2 und 17*   131
RECHT UND REFORM - *Palais Modena*   137
EIN VIKTORIANER IN VIENNA - *Palais Mollard-Clary*   143

IM KAFFEEHAUS   151
EINE OHRFEIGE IM GRÖSSENWAHN - *Café Griensteidl*   153
DAS TÄGLICHE QUANTUM CENTRALIN - *Café Central*   159
REMISE FÜR WARTENDE FRAUEN - *Café Herrenhof*   167

DIE ADELSFAMILIEN DER PALAIS IN DEN HEUTIGEN SCHLAGZEILEN   173
AUF DEN SPUREN DES UNFASSBAREN - *Schloss Porcia*   175
„ICH BIN KEINE GNÄDIGE FRAU, ICH BIN GRÄFIN!" - *Familie Herberstein*   180

LITERATURVERZEICHNIS   187

Wege entstehen dadurch, dass man sie geht.

FRANZ KAFKA, SCHRIFTSTELLER

*Pioniere sind Leute in einer Truppe,
die ganz weit vorn laufen,
die zuerst mit dem Gesicht nach unten
im Matsch landen und als Erste
den Pfeil im Rücken haben.*

THOMAS KRENS, GUGGENHEIM-STIFTUNG

DIE WICHTIGSTEN HÄUSER

1. Palais Kinsky
2. Palais Porcia
3. Palais Trauttmansdorff
4. Palais Batthyány
5. Landhaus
6. Palais Mollard
7. Palais Modena
8. Palais Wilczek
9. Palais Herberstein
10. Palais Harrach
11. Palais Ferstel
12. Herrenhof
13. Hochhaus
14. Looshaus

DIE WIENER HERRENGASSE

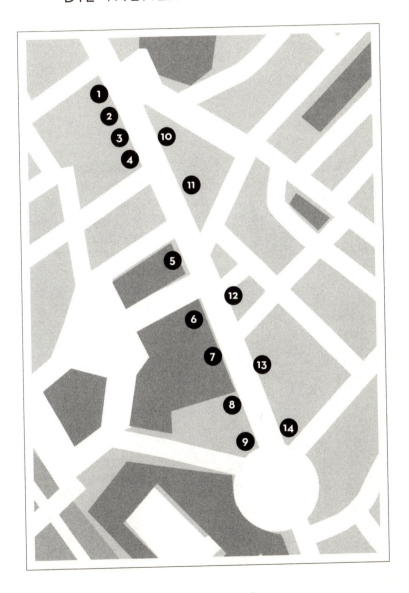

DIE HERRENGASSE: EPOCHAL, IMPERIAL, ZENTRAL

Von wegen: Es kommt nur auf die Größe an. 500 Meter. Mehr braucht man als Gasse offenbar nicht, um den Lauf der Geschichte über Jahrhunderte hinweg zu beeinflussen. Durch Vordenker wie den schrulligen Kaiser-Rivalen und Berufsrettungs-Gründer Hans Wilczek. Durch Pionierbauten wie das erste Hochhaus Wiens. Oder durch Institutionen wie das erste Mädchenrealgymnasium des Landes.

Schon der Name liefert einen Hinweis auf ihre Bedeutung. Denn es waren die „Herren der Stände", die Mächtigen ihrer Zeit, die hier, nahe der Kaiserburg, ihren städtischen Wohnsitz errichteten. Und dort, wo sich Macht konzentriert, sind Wegbereiter und in der Folge bahnbrechende Neuerungen nicht fern.

Es scheint, als habe die Herrengasse in den vergangenen Jahren an Beachtung verloren: Oftmals hasten Passanten mit ihren Einkaufssackerln oder Aktentaschen die Gasse entlang, andere haben den Blick nur auf ihr Smartphone gerichtet. Mopedfahrer versuchen, sich an Fiakern vorbeizudrängen. Nur wenige scheinen zu wissen, auf welch geschichtsträchtigem Boden sie gerade wandeln.

Es ist an der Zeit, die Staubschicht von den Bildern zu wischen und die erhabenen Gebäude zu polieren, um ihnen jenen Glanz zurückzugeben, der ihnen zusteht. Es ist Zeit, von den geschichtlichen Ereignissen zu erzählen, die sich hier zugetragen haben.

Von den Adeligen, die hier wohnten. Von den Frauen der Herrengasse, die im Hintergrund die Fäden zogen. Von den Pionieren, die hier arbeiteten. Von den Kaffeehausliteraten. Und von jenen Adelsfamilien, die immer noch für Schlagzeilen sorgen. Kurz: Es ist an der Zeit, jener Straße ein Denkmal zu setzen, die selbst aus unzähligen Denkmälern besteht.

Dabei kann es durchaus sein, dass ein und dieselbe Person in mehreren Kapiteln auftaucht. Denn so wie die Häuser eng aneinander stehen, sind die Geschichten der Bewohner und Besucher eng miteinander verbunden.

ERBAULICHES

*Das Haus hat allen zu gefallen.
Zum Unterschiede zum Kunstwerk,
das niemandem zu gefallen hat.
Das Kunstwerk ist eine
Privatangelegenheit des Künstlers.
Das Haus ist es nicht.*

Adolf Loos, Architekt

ZUR EINFÜHRUNG

EINE STRASSE DER PIONIERE

In ihrer Rolle als Vorreiterin hatte sie es nicht immer leicht, die Herrengasse. Denn als Wohnort und Arbeitsstätte von Denkern, Wegbereitern oder Persönlichkeiten kam sie nicht umhin, immer wieder Schauplatz von Neuem zu sein. Und wenn die Wiener eines nicht mögen, dann sind es Neuerungen oder Veränderungen.

„Völlig zerfetzt" werde das Profil der Herrengasse, „eine der schönsten Gassen Wiens", schrieb Architekt Josef Frank 1931 in der *Allgemeinen Zeitung*, als mit dem Bau des ersten Wiener Hochhauses auf der Nummer 6–8 begonnen wurde. „Am harmlosesten ist noch die Meinung, dass der Stil des Hochhauses wohl gar nicht zu den Palästen der Herrengasse passen werde", wurde es ein wenig diplomatischer in der Zeitschrift *Die Bühne* formuliert.

Und der Bau des ersten Hochhauses der Stadt war dabei keinesfalls das erste oder einzige Mal, dass Geschehnisse in oder entlang der Herrengasse monatelang für Gesprächsstoff sorgten. Die Gebäude Ecke Herrengasse/Michaelerplatz wurden genauso zum Stadtgespräch. Vielleicht auch weil der Michaelerplatz seit dem Ausbau der Hofburg quasi als Vorplatz der Kaiserburg zum wichtigsten Platz Wiens überhaupt geworden war.

„Kanalgitterhaus" oder „marmorierte Kokskiste" waren jedenfalls Beleidigungen, die sich das Looshaus, ein paar Dekaden zuvor hatte gefallen lassen müssen. „Fast so, als stürbe ein belebtes Wesen, ist es, wenn vor unseren Augen ein altehrwürdiges Haus abgebrochen wird. Noch steht es in seiner ganzen Höhe da, doch schon fehlen seinen Fensteröffnungen Glas und

Rahmen, und wie aus hohlen Augen glotzt es uns an, wie der Gevatter Tod", schrieb Hermine Cloeter 1911 in ihrem Buch *Zwischen Gestern und Heute. Wanderungen durch Wien und den Wienerwald*, als der Vorgängerbau, das Dreilauferhaus, abgetragen wurde.

Selbst als das neue Gebäude fertig war, hatte die Abneigung (noch) nicht abgenommen: „Scheußlich", soll Kaiser Franz Josef gesagt haben, als er das Looshaus zum ersten Mal sah. „Das sieht aus wie ein Gesicht ohne Augenbrauen." Danach soll er es nicht nur gemieden haben, den Ausgang Richtung Michaelerplatz zu wählen, sondern ließ sogar die Fenster der Hofburg in Richtung Looshaus vernageln.

Auch das Palais vis-à-vis in der Herrengasse 1 sorgte für hitzige Diskussionen, als der Besitzer, Graf Herberstein, eine neue Kuppel dafür vorschlug: „Es ist eine der hässlichsten Angelegenheiten – ich hätte fast einen anderen Ausdruck gebraucht –, welche uns seit längerer Zeit beschäftigt", wird ein Referent der Stadtregierung am 2. Februar 1900 in der *Neuen Freien Presse* zitiert.

Heute wird das alles freilich nicht mehr so gesehen. Gut, die Kuppel am Palais Herberstein wurde schlussendlich wieder abgetragen. Aber ansonsten hat sich die Kritik großteils in Lob verwandelt – wie das nun einmal so ist, wenn sich die große Masse an eine Neuheit gewöhnt hat. Heute werden Hochhaus und Looshaus als architektonische Meisterwerke betrachtet, die aus der Stadt nicht mehr wegzudenken sind.

Aber eine Gasse, in der die Denker und Lenker zu Hause, zu Gast oder auf Durchreise waren, musste nun einmal hervorstechen.

So gab es in der Herrengasse eine Reihe von „Ersten Malen". Das Palais Abensperg-Traun (an dessen Stelle heute das Palais Ferstel steht, das streng genommen kein Palais ist) in der Herrengasse 14 war beispielsweise das erste Wiener Privathaus, das an eine Wasserleitung angeschlossen wurde (im Jahr 1652).

Auch das erste eigens für die Nationalbank errichtete Gebäude befand sich hier. Ebenso übrigens das zweite, wo Bank und Börse dann koexistierten.

Nicht nur in Bezug auf Architektur und Bauwesen wurde Pionierarbeit geleistet, auch die Bewohner der Gasse waren Vorkämpfer und Wegbereiter. Auf Nummer 1, dem Palais Herberstein, wohnte der erste Nationalbank-Gouverneur Österreichs, der in eben erwähntem erstem Nationalbank-Gebäude arbeitete. Und auf Nummer 7 arbeitete der erste Polizeipräsident des Landes.

Wie sieht es heute mit der Vorreiterrolle der Herrengasse aus? Auch die heutigen Akteure der Herrengasse arbeiten daran, dass die Liste an Pionierleistungen nicht abreißt. Um das Potenzial der Herrengasse zu verbessern, wurde die Initiative „Herrengasse+" gegründet. Sie ist darum bemüht, die Gasse in eine Begegnungszone zu verwandeln, in der alle Verkehrsteilnehmer gleichberechtigt sind. Das Projekt soll (erstmals in Wien) von den Anrainern der Gasse selbst finanziert werden.

Gleichzeitig mieten sich in den Erdgeschoßlokalen der Palais oder des Hochhauses lokale Unternehmen ein. Geschäfte wie etwa die Zuckerlwerkstatt (Österreichs erste Bonbonmanufaktur), das „Null-Prozent-Bullshit"-Freiraum-Deli oder die beiden THE VIENNASTORES (Souvenirläden, die kitschfrei sind und übrigens nicht nur für Touristen nette Dinge anbieten). Sie alle wollen einen Anreiz für die Passanten schaffen, ihre Blicke von den Smartphones zu erheben und lieber die Schaufenster zu inspizieren. Nicht zu vergessen das kleinste Espresso der Stadt Unger und Klein im Glaszylinder vor dem Eingang ins Hochhaus, das zum Verweilen, Kaffeetrinken und Passantenbeobachten einlädt.

ZUR EINFÜHRUNG

STATUSSYMBOL PALAIS

Neun Palais innerhalb von nur rund 500 Schritten. Kaum eine Gasse in Wien kann die Herrengasse in ihrer Dichte an Adelswohnsitzen überbieten. Was eigentlich, wenn man ihre Geschichte betrachtet, nicht verwunderlich ist ...

Da man zur Zeit der Habsburger als Adeliger nahe beim Kaiserhof sein wollte (oder musste), war es nur logisch, dass viele Familien ihren Stadtsitz in jener Gasse errichteten, die direkt ins Zentrum führte. Und weil Häuser Statussymbole sind, ist es ebenfalls nicht verwunderlich, dass die Gebäude in der Herrengasse hinsichtlich Prunk und Architektur dem Zeitgeist mehr als entsprachen.

Was macht ein Palais überhaupt aus? Der Begriff leitet sich vom Palatin ab, einem der sieben Hügel Roms, dem ältesten bewohnten Teil der italienischen Hauptstadt. Es war jener Ort, an dem nicht nur Tempel, sondern auch große Residenzen errichtet wurden, etwa von Kaiser Augustus und seinen Nachfahren. Aus dem Bergnamen entwickelte sich im Laufe der Zeit der deutsche Palast und das französische *palais*.

Im Barock, also jener Zeit, zu der in Europa großteils Französisch gesprochen wurde und die meisten Wiener Adelssitze gebaut wurden, setzte sich das französische Wort Palais im deutschsprachigen Raum für einen „künstlerisch ausgestatteten städtischen Wohnsitz" durch. Im Unterschied zu Burgen sind Palais generell unbefestigt; im Unterschied zu Schlössern befinden sie sich nicht in ländlicher Umgebung.

Hans Nepomuk Graf Wilczek

Wie nahe die Palais der kaiserlichen Hofburg tatsächlich waren, wurde einem der adeligen Bewohner, Hans Nepomuk Graf Wilczek, durch eine ungewöhnliche Entdeckung einmal mehr verdeutlicht. In seinen *Erinnerungen aus seinem Leben* schildert er: „Bei einer Vergrößerungsarbeit im Keller der Hofburg fand man einen unterirdischen Gang, der von meinem Hause bis zum Hofkeller ging, und in demselben ein menschliches Skelett." Vor dem Ausbau der Hofburg hatten immer wieder Erzherzoge in den zwei niedrigen Häusern auf dem heutigen Grundstück auf Nummer 5 übernachtet. Der Geheimgang diente wohl für den Notfall. Wer die verstorbene Person war und welcher Umstand ihr zum Verhängnis wurde, konnte Graf Wilczek nicht aufklären.

Ob mittels Geheimgang oder durch die offizielle Eingangstür – Kaiser oder Prinzen fanden sich immer wieder in den adeligen Wohnstätten ein, seien es die Tischrunden von Josef II. im Palais Clary oder die nächtlichen Besuche des Prinz Eugen im Palais Batthyány-Strattmann gewesen.

Ähnlich wie Prag oder Rom ist Wien für seine Barockpalais bekannt. Begonnen hat diese Bauära nach dem Sieg über die Türken 1683, sie hielt etwa einhundert Jahre an. Die großen Architekten dieser Zeit waren Johann Fischer von Erlach und Johann Lucas von Hildebrandt.

Die zweite große Palais-Phase fand in der Zeit des Wiener Kongresses statt: Jetzt war die klassische Bauweise en vogue. Ein besonderer Vertreter dieser Stilperiode war Alois Pichl (verantwortlich etwa für das Palais Modena).

Mitte des 19. Jahrhunderts verschlechterte sich die Situation für den Adel. Der Ausbruch der Revolution 1848 markierte das Ende seiner Vorherrschaft, viele adelige Familien benötigten nun die kostspieligen Repräsentationshäuser, die ihnen ihre Vorfahren hinterlassen hatten, nicht mehr. Zahlreiche Palais wurden in der Folge zur Gänze oder teilweise vermietet. Und von anderen als Statussymbol genutzt: Beliebte Mieter waren etwa Botschaften. Die britische und die bayrische Gesandtschaft kamen einige Jahre lang im – angeblich heimgesuchten – Palais Clary unter.

In den ehemaligen Adelswohnsitzen wurden auch für die Mitarbeiter des eigenen Staates Arbeitsstätten geschaffen: Die Polizei- und Zensur-Hofstelle wie auch Räumlichkeiten des k. k.

Ministerratspräsidiums kamen im Palais Modena (Herrengasse 7) unter. Letzteres war auch eine Zeitlang Sitz des Staatskanzlers und des Unterrichtsministeriums. Derzeit hat hier das Innenministerium seinen Amtssitz.

Im Palais Porcia auf Nummer 23, das bereits Maria Theresia für Gerichtszwecke nutzte, befindet sich heute die Administrative Bibliothek des Bundeskanzleramts.

(Übrigens befindet sich unweit der Herrengasse, am Minoritenplatz 5, das Palais Starhemberg, in dem sowohl das Bundesministerium für Bildung und Frauen als auch jenes für Wissenschaft und Forschung residiert. Ebenfalls im ersten Bezirk, im Palais Questenberg-Kaunitz, sind Teile des Finanzministeriums untergebracht. Und das Justizministerium wiederum hat seinen Sitz im Palais Trautson in Wien-Neubau.)

In den letzten Jahren gingen mehr und mehr Palais in den Besitz von Immobiliengesellschaften über, die in den Gebäuden vornehmlich exquisite Wohnungen errichten. Die Palais Batthyány-Strattmann und Trauttmansdorff werden derzeit unter dem Projektnamen „Palais, Palais" restauriert und zu Luxuswohnungen umgebaut.

Aber jetzt der Reihe nach …

AUF DER SUCHE NACH SUPERLATIVEN

*Ich lebe sehr bescheiden.
Außer Maßhemden fällt mir fast nichts ein.
Mein Luxus ist, im Café Central zu sitzen
und eine Leberknödelsuppe zu essen.
Die ist im Café Central nämlich ganz hervorragend.*

Karl Wlaschek, österreichischer Unternehmer

HERRENGASSE 6-8

HOCH H(IN)AUS

"Schmal ist die Herrengasse, sie hat immer schon wenig Raum geboten. Lange Zeit hindurch tat noch, mit Mistgruben und öden Feuermauern dahinter, eine plakatreiche Planke ein übriges: Einen ganzen Gehsteig nahm sie ein. Weder mit Fahrzeugen noch zu Fuß konnte man recht vorwärtskommen [...]. Jetzt ist die Planke weg, aber die Verkehrsverhältnisse sind darum nicht besser geworden. Daran ist nicht so sehr der Bau schuld, der hat sich dort – endlich – mit seinen Gerüsten [...] breitgemacht, sondern die Menschen, nämlich die Zuschauer", schreibt ein Journalist im November 1931 in *Die Bühne*.

Denn als im April 1931 mit dem Bau des ersten Hochhauses der Stadt begonnen wurde, fanden sich nicht nur 250 Arbeiter in der Herrengasse ein, sondern ungefähr genauso viele Zaungäste. Die schauten, redeten, diskutierten – und kritisierten. Zum ersten Mal wurde beim Bau eines Hauses eine Treppenkonstruktion mit durchgängig flacher Untersicht gebaut, und diese sollte angeblich nicht zu berechnen sein. Denn, so heißt es im Artikel weiter: "[D]ie theoretische Errechnung einer Stiege würde etwa drei Monate dauern – da baut man sie lieber gleich, das geht schneller, und unterzieht sie nachher einer Belastungsprobe."

Eineinhalb Jahre lang wurde in der Herrengasse 6–8 an dem Wohnblock mit den zwei großen Innenhöfen, sechs Lichthöfen und insgesamt 225 Wohnungen gearbeitet. Die Maximalhöhe von 52,5 Meter wurde lediglich an einem Eck, nämlich dort, wo die Herrengasse auf die Fahnengasse trifft, erreicht.

Am 17. September 1932 – übrigens dem 50. Geburtstag von

Hochhaus-Architekt Siegfried Theiss – wurde das Projekt offiziell eröffnet. Und das gefiel dann doch ganz gut: „Das Stadtbild ist damit [mit dem Hochhaus, Anm.] gewiß um ein interessantes, originelles und anziehendes Objekt bereichert worden", hieß es etwa am 18. November 1932 in der *Wiener Zeitung*.

REITSCHULE MIT GUTER AKUSTIK

Bevor das Hochhaus den Wienern zu Diskussionsstoff gereichte, hatten sich an seiner Stelle die Liechtensteiner Höfe befunden. Inklusive Reitschule. Und ebenda war es den Musikfreunden der Stadt bis zum Anfang des 20. Jahrhunderts möglich gewesen, die beste Akustik der Stadt zu genießen.

Als großer Sportfreund war Klavierhersteller Ludwig Bösendorfer des Öfteren zu Gast in der Reitschule des Fürsten Liechtenstein. Nachdem Bösendorfer die hervorragende Akustik entdeckt hatte, bearbeitete er seinen Freund Liechtenstein so lange, bis dieser zustimmte, die Reitschule in einen Konzertsaal umzuwandeln.

Das Bauwerk an sich war nichts Besonderes. Völlig prunklos, war es nur durch eine Holzverschalung für seinen neuen musikalischen Nutzen adaptiert worden. Aber die Musiker und die Wiener liebten ihren Musiksaal: „[E]r war den Liebhabern der Musik geheiligte Stätte", schrieb Stefan Zweig in *Die Welt von gestern*, „die Resonanz einer alten Violine." Chopin, Liszt, Brahms, Rubinstein – sie alle haben hier gespielt.

Unfassbar fanden es die Wiener natürlich, als es hieß, dass diese heilige Stätte einem modernen Bau weichen sollte. „Als die letzten Takte Beethovens verklangen, vom Rosé-Quartett herrlicher als jemals gespielt, verließ keiner seinen Platz", erinnert sich Stefan Zweig. „Wir lärmten und applaudierten, einige Frauen schluchzten vor Erregung, niemand wollte es wahrhaben, daß es ein Abschied war. Man verlöschte im Saal die Lichter, um uns zu verjagen. Keiner von den vier- oder fünfhundert der Fanatiker wich von seinem Platz. Eine halbe Stunde, eine Stunde blieben wir, als ob wir es erzwingen könnten durch unsere Gegenwart, daß der alte geheiligte Raum gerettet würde. Und wie haben wir als Studenten mit Petitionen, mit Demonstrationen, mit Aufsätzen darum gekämpft, daß Beethovens Sterbehaus nicht demoliert würde! Jedes dieser historischen Häuser in Wien war wie ein Stück Seele, das man uns aus dem Leibe riß."

Am allerschlimmsten aber traf es den Klaviermeister selbst. Wann immer Ludwig Bösendorfer an der Baustelle vorbeiging, kamen ihm die Tränen, schreibt der Historiker Georg Markus. Zu allem Überfluss ließ der Bau des Hochhauses auf sich warten: Erst 1931, knapp zwanzig Jahre später, fuhren die Bagger bei der Nummer 6–8 auf. Doch das bekam der Konzertsaal-Chef nicht mehr mit. Er war 1919 verstorben – wie es heißt, an gebrochenem Herzen.

An dieser Stelle stand vordem die fürstl. Liechtenstein'sche Winterreitschule, die im Jahre 1872 von Ludwig Bösendorfer in einen Konzertsaal umgebaut wurde. Der Bösendorfersaal war durch 40 Jahre wegen seiner besonders guten Akustik eine Pflegestätte erlesener Musik. Er wurde am 19. November 1872 durch Hans von Bülow eröffnet, am 2. Mai 1913 nach einem Kammermusikabend des Rosé-Quartetts geschlossen.

Gedenktafel für den Bösendorfer-Saal, angebracht im Entree des Hochhauses.

DIE WEISSE FRAU

Auf dem Grundstück in der Herrengasse 6–8 hatten im Laufe der Jahrhunderte mehrere große Adelsvertreter gewohnt. Etwa die Grafen von Oettingen, das Äußere Ratsmitglied Jacob Friedrich oder auch Statthalter Ferdinand Popel von Lobkowitz. Im Besonderen hervorzuheben ist aber jedenfalls die Familie Liechtenstein. Bereits im 15. Jahrhundert war das Haupthaus (auf der heutigen Nummer 6) unter dem Namen Liechtensteinhaus bekannt. Damals war es im Besitz von Christoph von Liechtenstein.

Zwei weitere Häuser kamen 1620 dazu, als Ferdinand II. den Feldherrn Gundaker von Liechtenstein nach der Schlacht am Weißen Berg damit beschenkte. Der vormalige Besitzer Andreas von Hofkirchen war am 12. September 1620 geächtet und sein Besitz in der Folge beschlagnahmt worden.

Eine großräumige Erweiterung wurde dann 1792 im Auftrag von Alois I. Fürst Liechtenstein vorgenommen.

Der Sage nach soll eine Vertreterin dieser Adelsfamilie jahrelang ihr Unwesen auf den Familienbesitztümern getrieben haben. Bertha von Liechtenstein (geborene Rosenberg) wurde auch die „Weiße Frau" genannt. Sie hatte eine unglückliche Ehe geführt und trug nach dem Tod ihres Mannes nur noch weiße Witwenkleider. Als sie gestorben war (sie wurde am 2. Mai 1476 in der Wiener Schottenkirche begraben), fand sie offensichtlich keine Ruhe. Jedenfalls soll sie Mitgliedern der Familie Liechtenstein in ganz Europa vor wichtigen Entscheidungen erschienen sein.

FÜR LEDIGE ZU HABEN

Aber zurück zur Baustelle in der Herrengasse 6–8 bzw. dem Hochhaus, das hier errichtet wurde.

Neben der Tatsache, dass es das erste Hochhaus der Stadt war, erregte noch ein weiterer Punkt die Gemüter der Wiener: die Ledigenwohnungen.

104 der 225 Wohnungen im Hochhaus waren als „Ledigenwohnungen" geplant. Das Haus wurde als „hochmodernes Boardinghouse" konzipiert, erläutern Judith Eiblmayr und Iris Meder in ihrem Buch *Haus Hoch*.

Boardinghouses waren Wohn-Experimente der damaligen

Zeit. Neben der Infrastruktur in der eigenen (kleinen) Wohnung gab es bei diesem Konzept noch eine Zentralküche, einen Speisesaal und eine Waschküche. Der Wohnungstyp richtete sich eher an den Mittelstand denn an Arbeiter und wurde auch als „Zuhause auf Zeit" bezeichnet.

Als fixer Bestandteil des (Wohn-)Experiments erstreckte sich das entsprechende Restaurant vom 14. bis zum 16. Geschoß, „dessen Dach und Front gegen die Herrengasse zu öffnen sei", hieß es in der *Reichspost* vom 24. Jänner 1932. Es wurde allerdings erst drei Jahre nach Eröffnung des Hauses ein Pächter für das Lokal gefunden.

Bis ins frühe 20. Jahrhundert war der Wohnungsmarkt für Alleinstehende nicht sehr attraktiv. Bis dahin konnten sie lediglich in bereits eingerichteten Zimmern zur Untermiete wohnen, überwacht von den Argusaugen der Vermieter. Das geschah übrigens zu einem Gutteil im Eigeninteresse der Vermieter, denn fremder Herren- oder Damenbesuch hätte zu Unzucht (Sex vor der Ehe) führen können, und damit hätten sich die Vermieter der Kuppelei (Förderung der Unzucht) schuldig gemacht.

Im Hochhaus hatten Alleinstehende nun die Möglichkeit, eine eigene Wohnung zu beziehen. Diese bestand aus „einem Vorraum, einem Wohnraum und einem Badezimmer". Die Wohnzimmer waren 22,5 Quadratmeter groß, und um Ungerechtigkeiten bei der Abrechnung des Warmwasserverbrauchs zu vermeiden, wurde in jeder Wohnung ein eigener Wasserzähler installiert.

Am wichtigsten seien diese neuen Wohnmöglichkeiten, argumentieren Meder und Eiblmayr in *Haus Hoch*, für alleinstehende berufstätige Frauen gewesen: „Die kleinen Garçonnièren im Hochhaus erlaubten ein unbegrenzt selbstständiges Leben", ein gewisses Maß an Privatsphäre. So mieteten sich etwa die Geschäftsführerin Rosa Frankl oder die Kunsthistorikerin Dr. Erika Kriechbaum hier ein.

Im Hochhaus konnte der ganze Tag mit Besorgungen oder Aktivitäten verbracht werden, ohne dass man den Gebäudekomplex verlassen musste. Das zeigte Karin Ekken mit ihrer „Hochhaus-Reportage" auf, die im Jänner 1933 in der Zeitschrift *Die Bühne* erschien: „Frauen können Gebäck und Delikatessen einkaufen, Milch bestellen, Nachthemden bestellen, Möbelstoffe aussuchen, Möbel aussuchen, Photographien hin- und zurückbringen, ein Buch besorgen, alles im Haus. [...] Ein Studio für Hüte im sechsten Stock, ein Hutsalon im dritten kann aufgesucht werden, man kann im siebenten turnen, sich im siebenten der Gesichtspflege befleißigen, sich im sechsten psychologisch analysieren lassen (Lift frei, o Psychologie steht auf dem Schild). [...] Die Herren der Schöpfung [... können] in der freien Zeit [...] zu Anwälten jeder Art im dritten, sechsten, fünften Stock gehen, Anzugstoffe besorgen, zum Arzt gehen (dies steht auch Frauen frei [wie freundlich, Anm.]), alles im Haus. [...] Im allgemeinen bieten sich noch zwei Reinigungsdienste, zahlreiche Architekten, eine Hundeausstellung (falls alle Hunde des Hochhauses gleichzeitig äußerln, was nicht immer der Fall ist). [...] Und die Künstler. Unter demselben Dach, wie nichts !!!!???!!!!"

WAS FÜR EIN SCHAUSPIEL

Unter den Künstlern, die eine Wohnung im Hochhaus bezogen, waren überdurchschnittlich viele Burg-Schauspieler. Gut, was gab es wohl Bequemeres, als die Arbeitsstätte nur wenige Gehminuten entfernt zu haben?

Etwa der „Rosenkavalier" Curd Jürgens wohnte hier. Oder die Schauspielerin und Ehefrau von Attila Hörbiger, Paula Wessely. Ebenso Hilde Wagener – die auch Schauspielerin war und die übrigens am 7. April 1938 die bevorstehende Volksabstimmung im *Neuen Wiener Journal* mit den Worten „Ich bin mir bewußt, daß wir dieses Wunder unserem Führer Adolf Hitler verdanken!" anpries.

Auch die Schauspielerin Elisabeth Kallina, die spätere Ehefrau von Oskar Werner, hatte im Hochhaus eine Wohnung. Die Floristin Gertrude Urban, die heute noch in der Blumenhandlung Matern in der Herrengasse 10 arbeitet, kann sich noch gut daran erinnern, dass Kallina des Öfteren vorbeischaute: „Zu Weihnachten brachte sie uns immer eine Flasche Schilcherwein", erzählte Gertrude Urban bei einem Besuch in der Blumenhandlung. „Oskar Werner", fuhr sie sogleich fort, „hat ja das Theater sehr begeistert. Weil er nicht so viel Geld hatte, konnte er sich aber nur Stehplatzkarten leisten. Einmal hat er nach einer Vorstellung Elisabeth Kallina abgepasst und sie gefragt, ob sie nicht ein Autogramm von Raoul Aslan besorgen könne. Sie konnte. Weil Oskar Werner so dankbar war, brachte er ihr in der Folge immer wieder kleine Blumensträußchen mit."

Einige Jahre später durfte Werner die Seiten wechseln: Er bekam seine erste Pagenrolle. „Und heute", sagte Urban „wird er als größter Sprecher verehrt."

1944 heiratete Oskar Werner die zwölf Jahre ältere Elisabeth Kallina. Das Paar blieb sich übrigens trotz späterer Scheidung stets freundschaftlich verbunden.

Viel soll er nicht in Wien gewesen sein, der Oskar Werner, aber wenn, fragte er immer in der Blumenhandlung Matern nach Maiglöckchen. Die soll Elisabeth Kallina geliebt haben. „Sogar ein Maiglöckchen-Parfum hat sie gehabt", erzählte Urban. „Und als ich dann ihren Duft lobte, zog sie ein kleines Fläschchen Maiglöckchen-Parfum heraus und sprühte mich an. Herrlich, habe ich dann immer gesagt."

PALAIS KINSKY,
FREYUNG/ ECKE HERRENGASSE

KARL, DER GROSSE

Ein Name taucht bei der Recherche rund um die Herrengasse und die Wiener Palais immer wieder auf. Es ist der Name jenes Mannes, der in den 1940ern seine Karriere als Barpianist im Schloss Hotel Velden gestartet hatte, 2012 das gesamte Schloss einfach kaufte und nach seinem Tod die größte Palais-Sammlung der Welt hinterließ. 255 Immobilien besaß er zum Zeitpunkt seines Ablebens. Allein in der Wiener Innenstadt gehörte ihm jedes zehnte Gebäude.

Im Palais Kinsky stößt man buchstäblich auf ihn: Im Innenhof steht sie, die Büste von Karl Wlaschek. Unter seinem Namen und seinen Geburts- und Sterbedaten steht: „BILLA Gründer. Bürger von Wien".

Karl Wlaschek schrieb eine Karriere, wie es sie in Österreich bis dahin kaum gegeben hatte. Mit dem Geld, das er sich beim Klavierspielen zusammengespart hatte, kaufte er 1953 die erste Diskontparfümerie. Auf „BIPA" (Billig-Parfumerie) folgte 1961 „BILLA", der Billig-Laden mit dem damals revolutionären Selbstbedienungssystem. Danach erwarb Wlaschek die Handelskette Merkur, gründete die Buchhandelskette Libro, den Diskonter Mondo sowie die Schokothek. 1996 verkaufte er die gesamte BILLA-Gruppe an den deutschen Rewe-Konzern und investierte den Erlös im großen Stil in Immobilien. Laut *Forbes Magazine* war er 2015 nach „Red-Bull"-Gründer Dietrich Mateschitz und Novomatic-Chef Johann Graf der drittreichste Österreicher.

Während Wlaschek auf beruflicher Ebene kaum bessere Wege hätte gehen können, tat er sich mit der Liebe nicht so leicht. „Beim G'schäft bin i guat", gestand er selbst einmal ein, aber „bei de Weiber bin i a Depp." 2012 heiratete er zum fünften Mal, und zwar die dreißig Jahre jüngere Frederike „Rikki" Schenk. Mit ihr wollte er sein spätes Glück gefunden haben.

Von den vielen Palais, die er besaß, war ihm das Palais Kinsky das liebste, verriet der große österreichische Unternehmer in seiner Biographie *Karl Wlaschek. Eine Erfolgsgeschichte.* „Noch dazu habe ich es zum halben Preis bekommen. Das Kinksy hat damals 300 Millionen Schilling gekostet, und die Hypo Bank hat es mir schlussendlich um 150 Millionen verkauft. Allerdings habe ich dann noch 200 Millionen in die Restaurierung investiert."

Im Besitz der Familie Kinsky war das Gebäude bereits seit 1986 nicht mehr gewesen. Der in Argentinien lebende Franz Ulrich Kinsky, Sohn von Extremsportler Ulrich Ferdinand Kinsky, hatte es um 35 Millionen Schilling verkauft.

Erst 2012 waren dann Teile des Kinsky'schen Besitzes bei einer großen Dorotheum-Auktion versteigert worden. Zeitungsberichten zufolge kam es zu „heftigen Bietduellen" zwischen Bewunderern und Vertrauten des Fürstenhauses. Fünf Stunden dauerte die Auktion der 328 Lose. Dabei fand etwa ein Prunktisch aus der Werkstatt des hervorragenden französischen Möbeltischlers André-Charles Boulle, der von Experten auf „nur" rund 30.000 Euro geschätzt worden war, um stattliche 156.000 Euro einen neuen Besitzer.

Als Karl Wlaschek das Palais Kinsky erwarb, ließ er es sich nicht nehmen, im zweiten Hof sein Mausoleum zu errichten. Laut Wiener Gemeindegesetz dürfen auf einem Grund von mindestens 2.000 Quadratmeter Größe nämlich eigene Grabstätten errichtet werden. (Und das Palais Kinsky ist sogar noch ein wenig größer.) Im somit rechtmäßig errichteten Mausoleum fanden Wlascheks Eltern, 2003 seine vierte Ehefrau Karin (die im Zuge einer Operation unerwartet verstorben war) und natürlich Karl Wlaschek selbst die letzte Ruhestätte.

Sein auf 4,7 Milliarden Euro geschätztes Vermögen hinterließ Wlaschek in einer Privatstiftung. Fast seinen gesamten Besitz hatte er hier eingebracht, nur ein paar Prozent hatte er sich selbst behalten. Darunter fallen etwa das Schlosshotel Velden – und eben sein geliebtes Palais Kinsky. Da seine fünfte Ehefrau „Rikki" als Erbin an erster Stelle steht, kann man nur mutmaßen, dass diese Liegenschaften ihr zufallen werden, eine offizielle Entscheidung hierzu gibt es noch nicht.

Karl Wlaschek hat genau geregelt, was nach seinem Ableben mit der Stiftung passieren soll. In § 3 der Stiftungsurkunde heißt es: „Zweck der Privatstiftung ist in erster Linie die Begünstigung der Allgemeinheit. Diese erfolgt beispielsweise durch den Erwerb, die Sanierung und die Erhaltung denkmalgeschützter sowie sonst für das Stadtbild Wiens bedeutsamer Gebäude [...]". Die Immobilien werden heute von drei Firmen verwaltet: Amisola (Alle meine Immobilien sollen ohne Leerstand arbeiten), Estrella und Novoreal. Generell hat Wlaschek den Verkauf seiner Immobilien nicht verboten, aber es wurde festgehalten: „Für den Fall der Veräußerung von Liegenschaften sind die Verkaufserlöse binnen drei Jahren wieder in Immobilien anzulegen." Die architektonisch wertvollen Gebäude, so heißt es im Falter-Artikel „Der heilige Karl der Altbauten" vom 12. August 2015, dürften aber bis in alle Ewigkeit unverkäuflich sein.

DIE CHEFIN DER KLOFRAUEN

Während das Palais Kinsky Wlascheks Lieblingspalais war, war das Café Central im Palais Ferstel, das ihm ebenfalls gehörte, sein Lieblingscafé. Denn: „[I]ch krieg das zu essen, was ich am liebsten mag, weil ich bei der Zusammenstellung der Speisekarte ein bisserl mitgeholfen habe." Darauf angesprochen, ob er auf seine alten Tage die Liebe zum Gastgewerbe entdeckt habe, erwiderte er: „Ich hatte schon vor dreißig Jahren fünf eigene Restaurants. Die Idee kam mir 1964 bei einer Greißler-Tagung des Migros-Konzerns in der Schweiz, wo es um Selbstbedienungsrestaurants ging. Ich fuhr nach Hause und eröffnete gleich ein paar Billaterias."

Rasch handeln, nämlich Ideen aufgreifen und umsetzen, das war sein Prinzip. Dazu kam seine Devise, stets freundlich und interessiert zu sein. So kam Karl Wlaschek mit Frau Kratoschka ins Gespräch, der Chefin der Klofrauen des Praterstadions. Als solche hatte sie beim BILLA stets große Mengen Klopapier gekauft – was Wlaschek eines Tages aufgefallen war. Die beiden kamen ins Gespräch, und es entstand eine langjährige Freundschaft.

Als Frau Kratoschka einmal 40.000 Euro zu verwahren hatte (und der Bank misstraute), wandte sie sich an Wlaschek. Ob nicht er auf das Geld aufpassen könne? Geehrt von dem Vertrauen, das sie ihm entgegenbrachte, willigte Wlaschek ein und kaufte ihr das Geld in Form einer lebenslangen Leibrente ab.

Danach hörte er von Kratoschka erst wieder nach ihrem Tod – bzw. dann eigentlich von ihrem Notar. Was Wlaschek nicht gewusst hatte: Frau Kratoschka hatte sich oft und gerne im Dorotheum aufgehalten und dort Schmuck günstig ersteigert.

Für diesen Besitz hatte sie Karl Wlaschek als Alleinerben eingesetzt. Er war der einzige Mann gewesen, dem sie je ganz vertraut hatte.

Frau Kratoschkas ansehnliches Erbe war das einzige, das Wlaschek je erhalten sollte.

TATORT HERRENGASSE

*Die Welt ist ein Schauplatz, du kommst,
siehst und gehst vorüber.*

MATTHIAS CLAUDIAS, DEUTSCHER DICHTER

HERRENGASSE 13

HELD DURCH NICHTSTUN

Folgsame Studenten, die nur büffeln und nicht auffallen wollen? Von wegen! 1848 trieben es die Wiener Studenten bunt – und leiteten mit ihrem Aufstand eine Revolution ein, die schlussendlich die Kaiserfamilie aus dem Land und Fürst Metternich vom Kanzlersessel vertrieb. Der Stein des Anstoßes zur großen Revolution, in der ein kleiner Beamter auf dem Michaelerplatz nebenbei zum großen Freiheitshelden wurde, ereignete sich am 13. März 1848 – wie könnte es anders sein? – in der Herrengasse.

„Es war der merkwürdigste Tag der österreichischen Geschichte", schrieb später das *Neue Wiener Journal*. „Übrigens war es die lustigste Revolte, die man sich denken kann", fand zumindest der Dichter Franz Grillparzer. In jedem Fall war es ein strahlender Frühlingstag mit blauem Himmel, singenden Schwalben und trillernden Lerchen. Ein farbenfrohes Gewirr aus Frauen, Dienstmägden und Kindern, die ihre Frühlingsmode präsentierten, spazierte durch die Innere Stadt. Eigentlich kein Wetter für eine Revolution, möchte man meinen.

Als blutige Revolution war der Protestmarsch ursprünglich auch nicht gedacht gewesen. Und keiner hat wohl geahnt, dass es in der Folge in ganz Wien zu Aufständen kam; dass die Bürger in der Innenstadt Barrikaden errichteten und die Arbeiter in den Vorstädten Fabriken und Maschinen zerstörten. Vor dem Abmarsch hatte ein Universitätsprofessor den Studierenden sogar noch eingebläut, sie sollten ihre Stöcke und Regenschirme lieber in der Uni lassen, damit der friedliche Charakter der Demonstration nicht gestört werde. Die Studenten wollten lediglich den Herrschaften im Landhaus ihre Petition nach mehr Lehr- und Lernfreiheit vorlegen, die sie tags zuvor aufgesetzt hatten. Denn die strenge Zensur von Staatskanzler und Oberzensor Metternich hatte in den 1840er-Jahren einen Höhepunkt erreicht. „Kein Lichtstrahl, er komme, woher er wolle, soll in Hinkunft unbeachtet und unerkannt in der Monarchie bleiben" – so begann die Zensurvorschrift, die im September 1810 erlassen worden war und die in den darauffolgenden Jahren nicht nur Journalisten und Universitätsprofessoren das Leben schwer machte. Im März 1848 war das Fass für die Studierenden und Professoren der Wiener Universität jedenfalls voll.

Und so stapften sie los.

Zunächst ging alles gut. Auf dem Weg vom Universitätsplatz zur Herrengasse 13, wo sich das Landhaus befand, schlossen sich sogar noch einige Geschäftstreibende frohen Mutes dem Zug der Demonstrierenden an.

Als sie das Landhaus erreichten, wurden zwölf der Demonstranten vorgelassen. Sie würden ihr Anliegen im Sitzungssaal vorbringen dürfen.

Doch im Gang, der zum Sitzungssaal führte, passierte es.

Ein Diener, der einem etwaigen Drängen der Studierenden vorbeugen wollte, schloss die Türe hinter ihnen ab. Ein Medizinstudent, der das Zusperren falsch deutete, riss ein Fenster zum Innenhof auf und schrie: „Verrath, Kameraden! Man hat uns hier abgesperrt, oder besser gesagt, eingesperrt, Verrath, befreit und rächt uns, Brüder!"

Kaum waren die Worte ausgesprochen, da stürmten die Studierenden bereits ins Haus – in die Gänge, in alle Zimmer. Türen wurden aufgebrochen, Fenster eingeschlagen, Tische zerschlagen und die Trümmer dazu verwendet, weitere Verwüstungen anzurichten.

Die hohen Herren ergriffen die Flucht. Die einen stolperten durch den Hinterausgang in eine ruhige Seitengasse. Die anderen rannten nach oben und suchten Schutz in den Dienstwohnungen unter dem Dach.

Durch den Tumult wurden immer mehr Menschen angelockt. Am Nachmittag ließ die Regierung das Militär aufmarschieren.

VON WILCZEK BEOBACHTET

Hans Nepomuk Graf Wilczek, Begründer des Rettungssystems und Entdecker des Franz-Josef-Lands, damals elf Jahre alt, beobachtete die Szenerie aus dem Fenster seines Palais Wilczek. Anfangs eher neugierig als ängstlich. Bis er schließlich Schüsse hörte, die ihm 72 Jahre später noch in den Ohren klingen würden. „[Da] wurde mir schon etwas bange", erzählte er seinen Enkelkindern später, „und auch den Revolutionären, die in heller Flucht die Straßen räumten. Einige waren niedergetreten worden, und man sah unzählige Hüte, Überschuhe, Strumpfbänder, Stöcke und Regenschirme auf dem Pflaster herumliegen."

Aber die Unruhe breitete sich weiter aus, und so sah sich der Batterie-Kommandant der Artillerie am Michaelerplatz dazu veranlasst, „Feuer" zu rufen. „Und bald lagen", schrieb der 48er-Student Alois Seberg in einem Gedenkblatt anlässlich der 50-jährigen Jubelfeier des 13. März, „die sogenannten Märzgefallenen als Opfer eines unseligen Missverständnisses in ihrem Blute da."

Doch nicht alle Militärbediensteten leisteten dem Befehl Folge, denn Oberfeuerwerker Johann Pollet legte sich quer: Als der Kommandant dem Oberoffizier die Lunte hinhielt, trat Pollet dazwischen und bat eindringlich, von dieser Tat abzusehen. Es seien doch zumeist Kinder und Frauen, ja überhaupt unschuldige Menschen, die dieses Geschoß treffen werde.

Der Batterie-Kommandant ließ sich von Pollet nicht beirren und rief erneut: „Feuer!" Pollet aber widersetzte sich ihm mit dem Argument, er habe Weisung erhalten, nur zu feuern, wenn der Befehl von allerhöchster Stelle komme.

Gut, dachte sich der Kommandant, dann würde er einfach direkt die Bedienungsmannschaft der Kanonen befehligen. Doch da hatte er die Rechnung ohne Pollet gemacht. Dieser stellte sich vor die Mündung der Kanone und rief: „Nur über meine Leiche kann auf wehrlose Bürger geschossen werden."

Just in dem Moment stürzte ein Flügeladjutant des Kaisers herbei und gab Befehl, die Kanonen vom Michaelerplatz abzuziehen. Denn als Kaiser Ferdinand die Aufregung mitbekommen hatte und sich erkundigte, was da draußen denn vor sich gehe, hatte er zur Antwort bekommen, dass man auf das aufständische Volk schieße, um die Revolte gleich im Keim zu ersticken. Da rief der Monarch: „Ich lasse auf meine Wiener nicht schießen! Alle Truppen sollen augenblicklich aus der Stadt hinaus und aufs Glacis verlegt werden!"

35 Wiener waren an dem Tag jedoch ums Leben gekommen; teils von Kugeln getroffen, teils von der Menschenmenge erdrückt.

Der davor unbekannte Herr Johann Pollet war bald darauf das Gesprächsthema der Stadt. Im Michaeler Bierhaus nahm Student Alois Seberg eine Speisekarte des Lokals und verfasste in Windeseile ein Gedicht über diesen Helden, das wenige Tage später in der Zeitschrift *Der Wanderer* abgedruckt wurde:

[...] Allen gab man Ehrenkränze /
Allen gab man Liedersang /
Du allein bist Held des Friedens /
dem noch keine Harfe klang [...].

Der darin enthaltene Vorwurf gilt heute so nicht mehr: An der Außenwand des Café Griensteidl, also unweit des Tatorts, erinnert eine Plakette an Pollets Tat.

GRILLPARZERS GEDANKEN

Der elfjährige Hans Wilczek in seinem Palais bekam die Heldentat des Pollet nicht wirklich mit: „Die Mannschaft einer Kanone, die vor der Hofburg stand, soll den Befehl zu schießen nicht befolgt haben", erzählte er später seinen Enkelkindern, „ihrem Kommandanten wird es wohl schlecht gegangen sein. Ob es ein Glück oder Unglück war, daß dieser Schuß nicht fiel, traute ich mich damals nicht zu entscheiden, nur kann ich mich genau erinnern, daß ich damals auch zum Liberalismus neigte ..."

Apropos Palais Wilczek. Dreißig Jahre vor der Studentenrevolution hatte hier der Dichter Franz Grillparzer mit seiner Mutter als Gast der Wilczeks gewohnt. Zum Zeitpunkt der Unruhe selbst befand er sich nicht mehr in der Herrengasse. Trotzdem hat er sich so einige Gedanken zu den Taten der Studenten gemacht – und diese auch aufgeschrieben. Die Demonstration scheint ihn befremdet zu haben: „Ueberhaupt war es Mode geworden, daß jeder, dem es beliebte, in die Burg Einlaß begehrte, dort in den Tisch schlug und den Erzherzögen Grobheiten sagte."

Als ein paar Schriftsteller zu ihm gekommen waren, um ihn um Unterstützung im Kampf gegen die Pressezensur zu bitten, hatte er abgelehnt.

Grillparzer empfand zum damaligen Zeitpunkt die Umstände aber auch weniger dramatisch als noch ein paar Jahre zuvor. Sogar einen Fiaker hätte er auf dem Kutschbock *Oestreichs Zukunft* lesen sehen. Und Metternich war für ihn „von Hause ein liebenswürdiger, geistreicher, aber in seiner ersten Epoche leichtsinniger, und sein ganzes Leben lang durch seine Gelüste (im besseren Sinne des Wortes) bestimmter Mann.

Und so hüllte sich Grillparzer lieber in Schweigen. Denn er wusste: „Hätte ich gesagt: Was ihr für Weisheit haltet, ist Unsinn: – es hätte mir niemand geglaubt. Vor allem, weil ich alt und der Fortschritt nur in der Jugend beglaubigt war."

HOTEL KLOMSER, HERRENGASSE 19

SPION AUS LEIDENSCHAFT

Bei Oberst Alfred Redl beginnt man die Geschichte am besten mit dem Ende. Also mit Sonntag, dem 25. Mai 1913. (Übrigens jener Sonntagmorgen, an dem Hitler mit dem Erbe seines Vaters in der Tasche Wien in Richtung München verließ.)

In den sehr frühen Morgenstunden jenes Sonntags wartete vor dem Hotel Klomser im Palais Batthyány-Strattmann in der Herrengasse Nummer 19 eine Gruppe von Männern darauf, dass sich in einem der Hotelzimmer einer aus ihren Reihen erschießen werde. Einer, der bis zu diesem Zeitpunkt Stabschef beim VIII. Armeekorps in Prag gewesen war und somit knapp über 60.000 Mann befehligt hatte. Einer, der stellvertretender Leiter des Evidenzbüros, des Nachrichtenbüros des k. u. k. Generalstabs, gewesen war und somit so gut wie alle Militärgeheimnisse Österreich-Ungarns kannte.

Oberst Max Ronge, Oberst August Urbánski, Generalstabs-Vize Franz von Höfer und Major Wenzel Vorlicek hatten Oberst Alfred Redl nur wenige Stunden zuvor einen letzten Besuch abgestattet. „Ich weiß, weshalb die Herren kommen. Ich fühle mich schuldig." Redl tat erst gar nicht so, als wüsste er nicht, weshalb die vier Männer an seine Tür geklopft hatten. Er war in seiner Tätigkeit als Spion aufgeflogen und startete keinen Versuch, ein mildes Urteil zu erbitten. Er wusste, dass Hochverrat mit dem Tode zu bezahlen war. Er hatte nur eine Bitte: sich selbst richten zu dürfen.

Ein Wunsch, der ihm gewährt wurde.

Um das Vorhaben durchführen zu können, war er noch einmal auf die Hilfe seiner Kameraden angewiesen. Ob man ihm eine Waffe besorgen könne? Denn hier gäbe es nur eine Rollo-Schnur, und die schien ihm unzulänglich.

Nachdem Max Ronge ihm eine Waffe mit fünf Patronen aus dem nahegelegenen Ministerium gebracht hatte, beichtete Redl seine Taten. Er erzählte von seiner Spionagetätigkeit; davon dass er vor allem in den beiden Jahren 1910 und 1911 fremde Länder im großen Stil „bedient" hatte und dass er sich in letzter Zeit auf das beim Prager Korpskommando zugängliche Material zu beschränken gehabt habe.

Nachdem Redl sich ausgesprochen und auch den Schlüssel ausgehändigt hatte, der den Schreibtisch im Prager Evidenzbüro öffnen würde, verließen die vier Herren das Hotel – und warteten.

Als die Morgendämmerung hereinbrach, aber noch immer kein Schuss zu hören gewesen war, überlegten die Männer, wie sie wohl in Erfahrung bringen könnten, ob Redl seine letzte Tat begangen hatte, ohne im Hotel auf sich aufmerksam zu machen. Nach einigen Überlegungen gaben sie dem Portier ein angeblich dringendes Schreiben, das er Redl aufs Zimmer bringen sollte.

Nichts ahnend klopfte der Portier an dessen Hotelzimmertür. Nachdem sich auch nach wiederholtem Klopfen in dem Zimmer nichts regte, wurde die Tür gewaltsam geöffnet – und der Portier fand Redl tot auf.

Der Oberst hatte sich in den Mund geschossen. Todeszeitpunkt: vermutlich 2 Uhr früh. Nun hatten die vier Männer Gewissheit ...

VON BERLIN BIS CHINA

Drei Tage später, am 28. Mai, fand bei hochsommerlichen Temperaturen Redls Begräbnis auf dem Wiener Zentralfriedhof statt.

Als die Öffentlichkeit in der Folge Details zu Redls Geschichte erfuhr, machte sich eine wütende Menge in Richtung Zentralfriedhof auf und verwüstete sein Grab. Denn dass die offiziellen Verlautbarungen des k. u. k. Militärs über den Selbstmord einer der tüchtigsten Offiziere des Generalstabs nicht stimmen konnten, war nicht nur für die detektivisch angehauchten Journalisten bald offensichtlich.

Spätestens als der Text *Die Beichte des Spions* erschien. Denn Redl hatte seine Geschichte des Verrats sicherheitshalber niedergeschrieben und einem Freund für den Fall seines Ablebens zur Veröffentlichung freigegeben. „1902", hieß es in dem Text, war „das Geburtsjahr meiner militärischen Verbrecherlaufbahn, die mich allmählich zum größten Vaterlandsverräter aller Zeiten gemacht hat! Mich zum Schänder der Ehre jener Armee, die ich über alles geliebt habe, die mein Stolz, meine Liebe, mein Heiligtum gewesen, für das ich in meinem Herzen Altäre gebaut hatte und dem jeder meiner Gedanken gehörte."

Der Fall Redl wurde zum Thema des Jahres. Nicht nur in Österreich, auch in der *China Times*, im französischen *Le Figaro* oder im *Berliner Tagblatt* mutmaßte man über die Hintergründe der Tat. Und ein „Familienhotel 1. Ranges", wie der Werbespruch des Hotels Klomser lautete, fand Einzug in die Weltchronik der Kriminalgeschichte.

Der rasende Reporter Egon Erwin Kisch entwickelte sich zum „Aufdecker des Jahrhundertskandals". Erste Informationen hatte Kisch durch jenen Schlosser erhalten, der im Auftrag des Evidenzbüros Redls Wohnung geöffnet hatte.

Besagter Schlosser spielte in derselben Fußballmannschaft wie Kisch, nämlich im „FC Sturm Prag". Da er Redls Wohnung öffnen musste, konnte er beim sonntäglichen Spiel nicht dabei sein. Ob das Fehlen des Schlossers schuld an der sportlichen Niederlage jenes Tages war, ist ungewiss. Kisch war jedenfalls verärgert, dass der Verteidiger gefehlt hatte. Erst als der Schlosser schuldbewusst den Grund seines Fernbleibens schilderte, wechselte die Stimmung des Reporters schlagartig.

Wie Verena Moritz und Hannes Leidinger in ihrem Sachbuch *Oberst Redl. Der Spionagefall. Der Skandal. Die Fakten* betonen, kann Kischs Aussagen jedoch nicht blind vertraut werden. Es scheinen sich neben den akribisch recherchierten Informationen auch einige Ungenauigkeiten eingeschlichen zu haben. Generell ist es ob der Vielzahl an unterschiedlichen Meldungen schwierig, ein klares, rundes Bild der Person Alfred Redl zu erstellen.

Zu Beginn des 21. Jahrhunderts ist es nicht mehr so sicher, ob das Ausmaß von Redls Verrat wirklich so schwerwiegend war, wie anfangs angenommen. Dass Redl für das Ende der Monarchie (mit)verantwortlich war, ist mittlerweile widerlegt. Dass sein Verrat die im Zerfall begriffene Donaumonarchie schwer getroffen hat, bleibt unbestritten.

Warum Redl mit seinem illegalen Nebenjob begann, war sein Streben nach Luxus. Redl lebte gerne auf großem Fuß. Er kaufte Autos und Rennpferde, beschäftigte Diener und Chauffeure. Auch von Sexorgien und Champagnergelagen war die Rede.

Der ausschlaggebende Punkt war jedoch Stefan Horinka, sein Liebhaber, den er in Gesellschaft als seinen Neffen ausgab. Leutnant Horinka soll selbst gar nicht schwul gewesen sein, dafür aber in Geldnöten. Ihn versorgte Redl also mit Schmuck, Autos und Rennpferden. Sogar die Abtreibung bei Horinkas Geliebter finanzierte er. Im Gegenzug für die finanziellen Unterstützungen erwartete Redl von Horinka gewisse Liebesdienste.

Am 22. Mai 1913 teilte Horinka Redl in einem Brief mit, dass er heiraten werde und er das, was zwischen Redl und ihm gelaufen war, beenden wolle. Redl drängte auf ein persönliches Gespräch, reiste nach Wien, bezog ein Zimmer im Hotel Klomser und traf seinen Geliebten.

Doch es half nichts, Horinka blieb bei seiner Entscheidung. Redl wurde immer verzweifelter und überlegte, wie er den Leutnant vielleicht doch noch umstimmen könne. Vielleicht mit einem Daimler-Tourenwagen? Den hatte sich Horinka doch sehnlichst gewünscht. Wo er das Geld dafür auftreiben würde, wusste Redl schon. Schließlich war ja bei der Post ein Brief mit einigen Tausend Kronen für ihn hinterlegt …

Es war genau dieser Brief, der Redl zum Verhängnis wurde.

GEHEIME KLINGEL

Der Brief an Oberst Redl war schon länger in Wien gelegen und nach Ablauf der Frist an den Auftraggeber zurückgegangen. Der saß in Eydtkuhnen, einem Ort an der russisch-deutschen Grenze, der zu jener Zeit als Spionage-Nest verschrien war. Das weckte die Aufmerksamkeit des deutschen Geheimdienstes. Es erhärtete den Verdacht der Spionage, als man in dem Brief mehrere Geldscheine fand. Daraufhin meldete sich Major Walter Nicolai aus Deutschland im Evidenzbüro in Wien. Bei Oberst Maximilian Ronge.

Max Ronge musste sich nun mit der Frage auseinandersetzen, wie man den Mann ausfindig machen könne, der zu den Briefen gehörte. Da kam ihm eine Idee: Was, wenn man den Brief einfach wieder beim Hauptpostamt hinterlegte und auf diesen Herrn Nikon Nizetas wartete?

Gedacht, getan.

Um sicherzugehen, dass Herr Nizetas nicht einfach davonkäme, wurde beim Schalter eine zusätzliche Klingel angebracht, die drei Detektive alarmieren sollte, sobald der Brief verlangt werde.

„Unternehmen Nizetas" hatte gestartet.

Doch statt Herrn Nizetas persönlich kamen weitere an ihn adressierte Briefe. Wieder mit Geld. Insgesamt hatte der Spion mittlerweile einen Betrag in der Höhe von umgerechnet rund 35.000 Euro zugeschickt bekommen.

Wochen vergingen.

Gegen 17 Uhr am 24. Mai 1913 war es dann so weit. Ein Mann trat an den Schalter von Betty Haynold, gab sich als Nikon Nizetas aus und verlangte nach seiner Post. Haynold drückte augenblicklich den Knopf und versuchte, den Unbekannten in ein Gespräch zu verwickeln, um den Detektiven Zeit zu verschaffen. Der Fremde blockte ab, doch da kam schon einer der Polizisten herein, und Haynold konnte dem mutmaßlichen Herrn Nizetas seine Briefe überreichen.

Alfred Redl hat die Falle offenbar schnell bemerkt, denn er floh und konnte seine Verfolger mit Hilfe eines Taxis rasch abhängen.

Was ihm nicht viel half, denn die Polizisten machten den Fahrer ausfindig, der Nizetas alias Redl gefahren hatte. Dieser erzählte ihnen, dass der betreffende Herr ins Hotel Klomser gewollt hatte, obwohl er dann früher ausgestiegen sei.

Spätestens als Redl Max Ronge in der Nacht die Tür zu seinem Hotelzimmer öffnete, wusste er, dass es zu spät war. Denn im Klomser hatte er sich als Nikon Nizetas eingeschrieben. Nicht als Alfred Redl.

ZUHAUSE IM PALAIS

Noblesse oblige.
Adel verpflichtet.

PIERRE MARC GASTON DUC DE LÉVIS,
FRANZÖSISCHER ADELIGER UND GENERAL

Kaufe Land!
Gott erschafft keins mehr.

MARK TWAIN, AMERIKANISCHER SCHRIFTSTELLER

DREILAUFERHAUS/LOOSHAUS,
HERRENGASSE 2-4

DER TOLERIERTE JUDE

„In der inneren Stadt wird schon wieder einmal fleißig am alten Kleide von Frau Vindobona herumgebessert. Da soll ein neuer Fleck eingesetzt und dort auch gleich dabei ein frischer Aufputz angebracht werden. Auf diese Weise wird sie am Ende von ihrer ursprünglichen anheimelnden Gewandung nichts übrig behalten als ihre Juwelen, ihre Kunstbauten. Nun muß sie auch das Dreilauferhaus am Kohlmarkt hergeben", schrieb die Schriftstellerin Hermine Cloeter zu Beginn des 20. Jahrhunderts.

Heute ist der Name Dreilauferhaus nur noch wenigen bekannt. Im Laufe der Jahre hat das Augenbrauen-lose (weil ohne die üblichen Fensterverdachungen) Looshaus seinen Vorgänger des Platzes verwiesen.

Umgebaut und erweitert – also in jene Form gebracht, für die es mehr als hundert Jahre geschätzt wurde – wurde das Dreilauferhaus von Karl Abraham Wetzlar von Plankenstern. Jenem Mann, der, wie Hans Veigl in seinem Buch *Einzelgänger & Exzentriker: Außenseiter wider den Zeitgeist* schreibt, als einer „der wenigen ‚tolerierten' Juden Wiens" galt. Zumindest, als er das zweite Mal nach Wien kam. Und reich war.

Das erste Mal hatte er Wien zu Zeiten von Kaiser Leopold I. als junger Bursch aufgesucht. Er fand Unterschlupf bei einem freundlichen Juden. Bis im Land ein Edikt erlassen wurde, das Juden den Erbländern verwies. Daraufhin kehrte Karl Abraham der Stadt den Rücken zu.

Zehn Jahre später kam er zurück. Als reicher und bald sehr einflussreicher Mann. Rund fünf Millionen Gulden (umgerechnet etwa 67 Millionen Euro) soll sein Vermögen zu jener Zeit schwer gewesen sein, diesen Reichtum hatte er in seiner Zeit als Mitarbeiter des deutsch-jüdischen Bankiers Simon Wolf Oppenheimer erarbeitet.

Karl Abraham Wetzlar beteiligte sich nun mit seinem Vermögen maßgeblich an den vor dem anstehenden Krieg notwendigen Armeelieferungen – die Habsburger wussten seine Kreditvermittlungen zu schätzen. Auch sonst leistete er so nützliche Dinge für das Land, dass Kaiser Franz I. Stephan ihn 1763 zum kaiserlichen Hofagenten ernannte. 1777 wurde er dann von Kaiser Leopold I. in den Freiherrenstand erhoben. Und noch vor dieser Ernennung trat Karl Abraham Wetzlar mit seiner Familie zum Katholizismus über.

Auch in der Kunst sprang Karl Abraham Wetzlar helfend ein, wenn er konnte. Und hier vor allem für den Komponisten Wolfgang Amadeus Mozart. Zum Beispiel damals, als Mozart an den Dichter und Opernlibrettisten Lorenzo da Ponte mit der Bitte herantrat, ihm Beauchmarchais' Komödie *Die Hochzeit des Figaro* in ein Drama umzudichten. Prinzipiell gefiel da Ponte diese Idee, doch da der Kaiser der Gesellschaft des deutschen Theaters kurz davor die Aufführung jenes Stücks mit der Begründung verboten hatte, dass es nicht ganz schicklich für die anständige Zuhörerschaft sei, bat er sich ein wenig Bedenkzeit aus.

Hier kam Wetzlar ins Spiel, der da Ponte eine gute Bezahlung dafür anbot, wenn er den Text umschreiben würde. Wetzlar wollte, dass das Stück in London oder Paris aufgeführt werden konnte – wenn das schon in Wien nicht möglich war. Da Ponte schlug das Angebot im Endeffekt aus, stattdessen bot er Mozart an, Text und Musik so umzuschreiben, dass man die Vorlage nicht erkennen würde, um es dann dem Kaiser und den Theaterdirektoren in einem guten Moment vorzuschlagen.

„[D]urch die Heirat seiner Töchter mit den feudalsten Familien Österreichs", wie der Autor Ludwig Bato in seinem Buch *Die Juden im Alten Wien* schreibt, wurde Karl Abraham Wetzlar Schwiegervater der Grafen Clary, Festetics und Triangi. Er war Stammvater der Freiherren von Wetzlar und somit Vorfahre einer Reihe von Feldmarschallen; einer brachte es sogar zum Ordensritter von Maria Theresia. Ein anderer galt ein wenig als Sonderling: Johann Adam Wetzlar von Plankenstern.

Mehr als zwanzig Jahr spielte jener jeden Nachmittag zwei Stunden lang Solo-Whist und diskutierte bzw. stritt dabei heftig mit seinen unsichtbaren Partnern. Diesen Ausweg hat er angeblich ergriffen, weil er sich ob seines heftigen Temperaments häufig gegenüber seinen Mitspielern vergessen hatte.

Nach seiner ersten Ehe zog Johann Adam als Rittmeister durchs Land und lebte mit seiner gemeinhin als hässlich befundenen Köchin in wilder Ehe.

ARZT BIS ARTARIA

Ende des 18. Jahrhunderts kam also besagter Stammvater Karl Abraham Wetzlar von Plankenstern in den Besitz des heutigen Looshaus-Grundes. Damals standen auf dem Grund vier Häuser. Eines davon, das Eckhaus, war das sogenannte Dreilauferhaus.

Das Dreilauferhaus war Geburtsort einer Reihe bekannter Personen, so erblickte etwa der Wundarzt Niklas Vorstl hier das Licht der Welt. Auch der Schauspieler und Komödiendichter Gottfried Prehauser wurde hier – als Sohn des Hausmeisters – geboren. Mit Prehauser als „Neuer Hanswurst" erlebte die Wiener Stegreifbühne ihren Höhepunkt.

August Samuel Gräffer, der Vater von Schriftsteller Franz Gräffer, hatte im Dreilauferhaus eine Buchhandlung, sein Sohn

Kunsthandlung Artaria, zuerst im Dreilauferhaus, dann am Kohlmarkt.

besaß darin noch für eine Weile einige Lagerräume. Auch die Kunsthandlung Artaria war einige Jahre in dem Haus untergebracht.

Seinen Namen bekam das Haus als Huldigung für die herrschaftlichen Schnellläufer. Ursprünglich mussten die Läufer vor den Kutschen der Herrschaft laufen und bei Dunkelheit Lichter tragen, um auf diesem Weg für die Beleuchtung der Straße zu sorgen. Unter Herrscherin Maria Theresia gab es im kaiserlichen Hofstaat gleich 14 dieser Läufer. Die meisten von ihnen waren Italiener.

Im Laufe der Jahre wurden die Schnellläufer mit ihrer malerischen Tracht und den bunten Federbüschen immer mehr zu Artisten. So wurden auf der Simmeringer Haide oder im Prater Wettrennen veranstaltet, und dabei konnte es auch durchaus vorkommen, dass einer der Akteure aufgrund der Anstrengung umfiel und leblos auf der Stelle liegen blieb.

In dem Haus, das ihnen zur Ehre am Beginn der Herrengasse errichtet worden war, brach 1797 ein Brand aus. Ebenso in den zwei Nachbarhäusern. In der Folge baute Wetzlar gemeinsam mit Michael Freiherr von Arnstein die Häuser zu einem großen Dreilauferhaus um.

Schauspieler und Komödiendichter Gottfried Prehauser

Hier war eine geraume Zeit das „Lothringer Bierhaus" untergebracht, das Herr Gräffer als das nobelste von Wien bezeichnete (so das Wort nobel auf ein Bierhaus anzuwenden ist …). Der Lustspieldichter Joachim Perinet lobte das Bierhaus in seinem Reiseführer „Annehmlichkeiten in Wien": „Das ganze ist gar ein wunderschöner, lieblicher Ort! Das Labsal und die Zuflucht der Lechzenden, das Sinnbild der Toleranz, der Sammelplatz der Künstler, Kanzellisten, Komödianten und durstigen Gelehrten. Es ist das Orchester der Virtuosen, die Auslage der Bieristen und die Auswahl von Leuten, an denen Hopfen und Malz gewiss nicht verloren ist. Hier ist nur ein Wirth und ein … Schweinstall – enfin – ein Bierhaus."

Die Dichter Grillparzer und Bauernfeld sollen sich des Öfteren mit dem „Verein Wiener Künstler und Schriftsteller" hier eingefunden haben, und das eine oder andere Malzgetränk soll es sogar in die nahe gelegene Hofburg geschafft haben – angeblich sogar bis an die oberste Stelle.

GESCHMACKLOS

Zu Beginn des 20. Jahrhunderts gab es das Bierhaus schon lange nicht mehr. An die Stelle des Dreilauferhauses kam laut Hermine Cloeter „ein höchst modernes Haus", „das aber viel Raum an die Straße hat abgeben müssen. Der scharfe Spitz gegen den Michaelerplatz hin wird gewaltig abgeschrägt und die Herrengasse bei ihrem Beginn um ganze sechs Meter breiter sein. Wir aber werden vergeblich nach den ‚Drei Laufern' Ausschau halten."

Verantwortlich für das „höchst moderne Haus", das als zentrales Bauwerk der Wiener Moderne betrachtet wird und für den noblen Herrenausstatter Goldman & Salatsch errichtet wurde, zeichnet der Architekt Adolf Loos. Er teilte mit seinem Freund Peter Altenberg nicht nur die Vorliebe für die selben Kaffeehäuser, sondern auch für die selben Frauen und soll mit dem Looshaus den angeblich größten Bauskandal der Geschichte ausgelöst haben. Denn gerade als sich die Wiener an die Jugendstilbauten von Architekt Otto Wagner gewöhnt hatten, kam ein noch radikalerer Architekt.

Für Loos waren Protz und Prunk des Historismus nicht mehr als Schein. Ihn interessierte die Zweckmäßigkeit. Nach drei Jahren in Amerika stellte er fest: „Es könnte nur zum Besten gereichen, wenn wir für eine Zeitlang das Ornament beiseite ließen und uns ganz und gar auf die Errichtung von in ihrer Nüchternheit schön geformten und anmutigen Bauwerken konzentrierten."

Loos ließ sich für das Haus am Michaelerplatz in seiner „Skelettbauweise in Eisenbeton" von den Gebäuden in London und den USA inspirieren. Damit war er seiner Zeit wohl zu sehr voraus. Als die Fassade im September 1910 fertiggestellt wurde, gerieten alle in Aufruhr – nicht nur der Kaiser, sondern auch die Wiener Bevölkerung. „... Unter den vielen Privatbauten ... hat keines soviel Ärgernis erregt ... Es ist wie ein Spott gegenüber dem Meisterwerk Fischer von Erlachs, ein solch geschmackloses ... Gebäude auszuführen", wetterte die Christlichsoziale Partei in einem Schreiben an den Bürgermeister der Stadt. Während

Loos nach Algier reiste, wurde tatsächlich ein neuer Wettbewerb ausgeschrieben, doch dank des Engagements der „Gesellschaft österreichischer Architekten" wurde dieses Vorhaben wieder eingestellt. Loos hatte durch diese Begebenheiten solche Magenschmerzen bekommen, dass er kurzzeitig ein Sanatorium aufsuchte. Danach ging er auf Konfrontation mit seinen Gegnern: Am 11. Dezember 1911 lud Loos zu der öffentlichen Veranstaltung „Mein Haus am Michaelerplatz" in die Sophiensäle.

„Der moderne Mensch, der durch die Straßen eilt", erklärte Loos, „sieht nur das, was in seiner Augenhöhe ist. Niemand hat heute Zeit, Statuen auf Dächern zu betrachten. Die Modernität einer Stadt zeigt sich im Straßenpflaster. Um beim Hause auf dem Michaelerplatz Geschäftshaus und Wohnhaus zu trennen, wurde die Ausbildung der Fassade differenziert. Mit den beiden Hauptpfeilern und den schmäleren Stützen wollte ich den Rhythmus betonen, ohne den es keine Architektur gibt. Die Nichtübereinstimmung der Achsen unterstützt die Trennung. Um dem Bauwerk die schwere Monumentalität zu nehmen und um zu zeigen, dass ein Schneider, wenn auch ein vornehmer, sein Geschäft darin aufgeschlagen hat, gab ich den Fenstern die Form englischer Bow-windows, die durch die kleine Scheibenteilung die intime Wirkung im Innern verbürgen. Der praktische Wert dieser Scheibenteilung ist das Gefühl der Sicherheit, das sie gewähren. Man fürchtet nicht, aus dem ersten Stock auf die Straße zu stürzen."

Am 29. März 1912 beschloss der Wiener Stadtrat, dass die Fassade so erhalten bleiben solle, wie Loos es gewollt hatte.

Heute, mehr als hundert Jahre nach seiner Eröffnung, ist das Looshaus, mittlerweile im Besitz der Raiffeisenbank, aus der Stadt nicht mehr wegzudenken.

PALAIS HARRACH, HERRENGASSE 16

HARRACHS
HERZ FÜR ARME

Dass der Spross eines der vornehmsten Geschlechter des Landes einer bürgerlichen Tätigkeit nachging, kam an sich schon selten vor. Dass sich ein Graf aber damit begnügte, nein, falsch, Erfüllung darin fand, unentgeltlich als praktischer Arzt zu arbeiten – das war Ende des 18. Jahrhunderts doch eine kleine Sensation.

Der Mann, der auf diese Art in Österreich für Gesprächsstoff sorgte, war Karl Borromäus Graf Harrach, Spross jener Adelsfamilie, die in Wien das Palais Harrach sowie den ehemaligen Gartenpavillon errichtete, zudem in Rohrau das gleichnamige Schloss und in Bruck an der Leitha Schloss Prugg ihr Eigen nennen konnte.

Wappen des Adelsgeschlechts Harrach.

Der Grund, warum Karl Borromäus Graf Harrach eine medizinische Karriere einschlug, war höchstwahrscheinlich ein gebrochenes Herz. Beziehungsweise die Härte seiner Eltern. Denn Harrach soll Anfang zwanzig eine Frau gefunden haben, die er heiraten wollte. Seine Eltern lehnten diese Beziehung ab. Da entschied sich Harrach – vielleicht ein wenig aus Trotz –, seine bis dato glänzende Laufbahn im Staatsdienst aufzugeben (im Zuge derer er aufgrund seines lebhaften Geistes sogar den Kaiser auf sich aufmerksam machen konnte und innerhalb kurzer Zeit Regierungsrat von Prag geworden war). Stattdessen wurde Harrach Ehrenritter des Johanniterordens und widmete sich die letzten 25 Jahre seines Lebens der Wissenschaft, der Kunst und wohltätiger Menschenliebe.

Von früh morgens bis spät in die Nacht wurde Harrach in den entferntesten Dorfstädten gesehen, in die dunkelsten Kammern eilend, hin zu den Armen des Landes, ihnen Trost und Linderung spendend. Nicht nur, dass er diese Personen unentgeltlich behandelte, er finanzierte sogar die Medikamente und sah auch nach ihrer Genesung nach dem Rechten.

Sein eigenes Wohlleben reduzierte er auf das Notwendigste – und wenn auch ihm einmal gegeben wurde, dann konnte er nicht nehmen, ohne zurückzugeben: Als Graf Harrach 1802 an einem gefährlichen Fieber erkrankte, das ihn an den Rand des Grabes brachte, und der Arzt Staudenheim ihm das Leben rettete, überließ Harrach diesem Arzt nach seiner Genesung 10.000 Gulden. Und als Harrach 1814 Primar im Spital der Elisabetherinnen wurde, nahm er das Honorar von 400 Gulden zwar jährlich entgegen, sendete aber stets den doppelten Betrag an das Kloster zurück.

Nach seinem Ableben vermachte Harrach sein Vermögen den Wiener Armenanstalten. Die rund 10.000 Dissertationen, die er aus den unterschiedlichen Bereichen der Heilkunde gesammelt hatte, bekam die Wiener Hofbibliothek. Gemeinsam mit seiner Karikaturensammlung (Harrach war auch für seinen Humor bekannt) sind die Dissertationen heute in der Nationalbibliothek untergebracht.

So viel Lob er auch für seine aufopfernde Tätigkeit und sein offenbar unterhaltsames Wesen bekam – nicht jeder war ihm wohlgesonnen. Einer besonderen Berufsgruppe in Wien war er gar zutiefst zuwider: Die Kutscher hassten ihn.

Denn Harrach hatte auf die Schnellfahrenden einen leidenschaftlichen Zorn geworfen. Sah er einen, der seiner Meinung nach zu flott unterwegs war, so rückte er ihm mit einem langen, starken Stock, der eine Eichenspitze hatte, so auf den Leib, dass sich der Fiakerfahrer beglückwünschen konnte, wenn er mit heiler Haut davonkam. „Die Erscheinung Harrachs wirkte derart mächtig auf die Wagenlenker, dass sie bei seinem Anblick schon von ferne wie auf Kommando die Zügel anzogen", schrieb die *Vorarlberger Landeszeitung* in einem Artikel mit dem Titel „Alt Wiener Sonderlinge".

KUR IN KARLSBAD

Der Dichter Johann Wolfgang von Goethe wiederum hatte nur positive Worte für Harrach, den er „ein sehr braves Wesen" nannte.

Die beiden hatten sich bei einem Kuraufenthalt Goethes in Karlsbad kennen und schätzen gelernt. Ein Verlegerfreund Goethes meinte sogar, die beiden hätten ein ähnliches Wesen und würden deshalb so gut miteinander auskommen.

An seinen Freund Zelter schrieb Goethe jedenfalls: „[I]n Karlsbad [...] lebte ich vollkommen einsam, außer daß zuletzt Graf Karl H. durch seine Unterhaltung mich in den Wiener Strudel mit fortriß, so daß mir manches Mal Hören und Sehen verging, und ich mich daher auf Deine lebhafte Darstellung [der Wiener Verhältnisse!] recht gut vorbereitet fühle!"

Nach Karlsbad war Karl Borromäus Graf Harrach mit seinem Bruder Johann Nepomuk Ernst gekommen. Dieser Bruder war es übrigens, der in Mähren die größte Leinenmanufaktur der Monarchie und in Böhmen die später weltberühmten Harrach'schen Glashütten begründete. Die „F. B. Harrach Glas- und Porzellangalerie" hatte Niederlassungen in Chicago, Moskau, St. Petersburg, Prag, Karlsbad und Wien und konnte sich unter den vordersten Plätzen der europäischen Glashütten einreihen. Besonders in der Biedermeierzeit waren die bunten, teilweise fünfzig Kilogramm schweren Vasen, das Tischglas und andere Luxusstücke beliebt.

Bis zum Beginn des 21. Jahrhunderts erinnerte ein Glasgeschäft im Wiener Palais Harrach an den alten Ruhm. In dem Palais an der Freyung, in dessen Erdgeschoss heute eine Kunstgalerie, ein Architekturbüro und ein Restaurant zu finden sind, residierten Karl Borromäus und Johann Nepomuk Ernst, wenn sie in Wien waren (was meist im Winter der Fall war).

Um 1600 hatte ein Vorfahre der beiden, Freiherr Karl von Harrach, das Grundstück erstmals erworben. Nachdem es zwischendurch wieder veräußert worden war, kaufte Ferdinand Bonaventura I. Graf Harrach das im Zuge der Türkenbelagerung abgebrannte Wohnhaus zurück. Dazu erwarb er auch noch das Palais Kinsky schräg gegenüber.

In dem neu errichteten von Domenico Martinelli gestalteten Palais Harrach begründete er (während seiner Tätigkeit als Botschafter in Mailand) jene Gemäldesammlung, die nun die größte private Sammlung des Landes ist und heute im burgenländischen Schloss Rohrau betrachtet werden kann. Sie wurde dorthin verlegt, als die Familie Harrach das Stadtpalais 1975 verkaufte. Zu sehen gibt es Werke aus Neapel, Madrid oder den

Niederlanden, wie „Das Urteil von Paris" vom italienischen Maler Luca Giordano oder auch die „Ansicht von Neapel" von Adrien Manglard. Im Haydnraum des Schlosses finden Besucher auch eine Portraitbüste von Joseph Haydn, gefertigt von Antonio Grassi.

IMMER ÄRGER MIT DEN NACHBARN

Apropos Stadtpalais: 1721 ließ Aloys Thomas Raimund Graf Harrach im Vorgarten (zwischen Herrengasse und Freyung) einen eingeschoßigen, fünfachsigen Pavillon mit hohen Fenstern und einem mächtigen Mansardendach errichten.

Wurde dieser auch vielseitig gelobt, die Nachbarschaftsbeziehung dürfte er nicht verbessert haben. Reichsgraf Wirich Philipp Daun, der im Palais Kinsky wohnte, beschwerte sich, dass ihm durch den Gartenpavillon die Aussicht verstellt und das Sonnenlicht reduziert worden sei.

Das Lamentieren dürfte aber nicht viel genutzt haben, verändert wurde der Pavillon nicht. Erst durch einen Bombentreffer 1944 wurde er komplett zerstört.

PALAIS WILCZEK, HERRENGASSE 5

FEUER UND EIN FLAMMENDER LIEBHABER

Die Zeitungen von Prag bis Vorarlberg kannten am 9. Dezember 1881 nur eine Nachricht: „Das Ringtheater brennt!" Beim Anzünden der Bühnenbeleuchtung kurz vor einer Vorstellung von Jacques Offenbachs *Hoffmanns Erzählungen* hatte die Dekoration Feuer gefangen. Nach sieben Minuten brannte die gesamte Bühne; eine Drahtkurtine, ein feuerhemmendes Eisendrahtgeflecht, konnte nicht heruntergekurbelt werden, weil die benötigte Kurbel bereits selbst brannte, und so schlug das Feuer unkontrolliert in den Zuschauerbereich hinaus. „Um viertel acht verließen die Künstler im Kostüme, halbnackt, die Bühne", schrieb das *Prager Tagblatt*. Einige Gäste, die sich in die Buffets retteten, liefen blutend, mit zerrissenen Kleidern aus dem Theater. Andere, die in die oberen Stockwerke geflüchtet waren, sprangen aus den Fenstern auf die Straße, ohne auf weitere Hilfe zu warten.

Es war der bis dato schlimmste Theaterbrand Europas. Die genaue Zahl der Toten konnte nie eruiert werden. Offiziell spricht man von 384 Opfern. Inoffiziellen Stimmen zufolge sollen sogar tausend Menschen am 8. Dezember 1881 im Theater den Tod gefunden haben. In jedem Fall zu viele; man hätte zumindest die so hohe Zahl an Opfern verhindern können, hieß es im Nachhinein. Neben dem Beklagen anderer Fehler (wie die fehlende Notbeleuchtung oder die nach innen öffnenden Türen) wurde in den Tagen nach dem verheerenden Vorfall vor allem Kritik darüber laut, dass es keine geordnete medizinische Versorgung gegeben hatte.

Das war das Stichwort für Hans Nepomuk Graf Wilczek. „Der allerletzte Ritter", so wurde in der *Wiener Zeitung* einmal jener Mann bezeichnet, der einem polnischen Adelsgeschlecht entstammte, die zweitgrößte Kohlegrube des Reiches sein Eigen nannte, zu den wohlhabendsten Männern der Monarchie zählte – und trotzdem jahrelang denselben Mantel trug. Vor allem war Hans Nepomuk Graf Wilczek aber der Mann, der gemeinsam mit seinem Freund Jaromir von Mundy den Grundstein für das Wiener Rettungssystem legte. Eine Büste in der Radetzkystraße vor dem Eingang der Wiener Berufsrettung erinnert an den Grafen. Angefangen – für Wilczek als Person ebenso wie für das Wiener Rettungssystem – hat aber alles in der Herrengasse Nummer 5.

Zwischen dem Palais Herberstein und dem Palais Modena, also zwischen dem Café Griensteidl und dem Innenministerium, liegt das Palais Brassican-Wilczek, das 1728 für Johann Brassican erbaut wurde und 1825 in den Besitz der Adelsfamilie Wilczek gelangte. Dort, wo auch Josef von Eichendorff oder Franz Grillparzer einige Jahre ihres Lebens verbrachten, wurde am 7. Dezember 1837 Hans Wilczek geboren.

Er war ein Mann, der zu den besten Läufern seiner Zeit zählte. Oftmals sprang er aus den Fenstern im ersten Stock in die Herrengasse hinab, weil er seine Beine trainieren wollte. Täglich konsumierte er ein Beefsteak und eine Flasche Rotwein. Zum Frühstück.

Für Hans Wilczek hatte Routine einen hohen Stellenwert: Immer trug er leichte Kleidung – egal bei welcher Witterung. Es war ihm auch unglaublich wichtig, auf Reisen stets das gleiche Bett vorzufinden. Also verbannte er Strohsack und Matratze aus seinem Schlafzimmer und legte an deren Stelle ein Brett, das lediglich mit einer abgenutzten Decke und einem Leintuch bedeckt war. Dank dieser Maßnahme konnte Wilczek sicher sein, auf all seinen Reisen dasselbe Nachtquartier vorzufinden. Selbst wenn es in den Unterkünften einmal ein richtiges Bett gab, schlief Wilczek lieber auf dem Boden – oft zum Ärgernis oder gar zur Kränkung der Wirtschafterinnen, wenn diese entdeckten, dass der Graf den harten Bretterboden ihrem sorgfältig gemachten Bett vorzog.

Die Idee zu einem professionellen Rettungssystem war Wilczek und seinem Freund Mundy schon einige Zeit vor dem großen Brand im Kopf herumgegeistert. Doch Wilczek wusste, dass die Wiener Bevölkerung den Sinn und die Tragweite einer solchen Gesellschaft nicht verstehen würde und sie beide ein Fiasko zu erwarten hätten. „Wir müssten", hielt Wilczek in seinen *Erinnerungen* fest, „nur auf ein Unglück warten, wo sich unsere Landsleute nach Hilfe sehnen würden."

Das Unglück, der Ringtheaterbrand, trat wenig später tatsächlich ein. Und nun zögerte Wilczek nicht lange: Anders als die meisten, die von dem Vorfall betroffen waren, spendete er nicht Geld an die geschädigten Familien („Es ist merkwürdig, wie sich bei großen Kalamitäten das Mitgefühl sofort in großen Geldspenden manifestiert"). Stattdessen gab er bekannt, eine große Summe dafür aufwenden zu wollen, um sicherzustellen, dass es bei zukünftigen Katastrophen, aber auch bei kleineren Unglücken eine Versorgung für die Betroffenen gäbe.

Wilczek stellte eine Gruppe aus Ärzten und freiwilligen Helfern zusammen und einige Räumlichkeiten in seinem Palais für die Versorgung zur Verfügung. Er kaufte einen Krankenwagen, mietete Fiaker-Pferde für die Ausfahrten oder verwendete seine eigenen. In Bandage-Geschäften und Apotheken erbaten sich Wilczek und Mundy einen einmonatigen Kredit und stellten den Sicherheitswachleuten hohes Trinkgeld in Aussicht, wenn sie die Rettungsleute rasch zu Hilfeleistungen holen würden.

Diese Tätigkeiten blieben natürlich nicht unbeobachtet, und Wien wäre nicht Wien, wenn bei neuen Entwicklungen nicht zuallererst einmal Kritik laut werden würde: „Das geht nur uns etwas an", riefen die Gemeinderäte. „Ihr zerstört unser Gewerbe", riefen die Ärzte. Die Polizisten schauten skeptisch zu.

Nach einem Jahr sahen die Politiker dann aber doch ein, dass das Projekt von Wilczek und Mundy förderungs- statt hinderungswürdig war, und die Stadt Wien und das Land Niederösterreich bewilligten der Wiener Freiwilligen Rettungsgesellschaft eine kleine Subvention. Somit konnte die Rettungsgesellschaft die Herrengasse verlassen und zog zuerst in ein Lokal am Fleischmarkt. Seit 1897 befindet sich die Zentrale in der Radetzkystraße.

AUF DEM EIS

Die Rettungsgesellschaft war aber nicht das einzige Großprojekt, das Hans Wilczek einleitete. Etwa eine Dekade zuvor hatte der Graf die erste österreichisch-ungarische Nordpol-Expedition organisiert und finanziert. Denn er war schon immer überzeugt gewesen, eine Passage durch das nördliche Eismeer zu finden.

Nach zwei Afrika-Reisen stachelte der Geograph August Petermann Wilczeks ohnehin bereits bestehendes Interesse für die Polarregion weiter an. Wie für Wilczek üblich, wurde nicht lange theoretisiert, sondern rasch gehandelt: Er finanzierte den Bau der „Admiral Tegetthoff, ein Schiff, das aufgrund seines starken Rumpfes und seiner speziellen Rumpfform davor gefeit sein sollte, im Packeis zu bersten".

Im Juli 1872 dann stach Hans Wilczek mit der Mannschaft in See.

Trotz der speziellen Bauweise des Schiffes kam es bald zu Komplikationen: Im Winter wurde die Tegetthoff aufgrund der großen Eismassen an der Weiterfahrt gehindert. Als das Eis im Sommer

Das Segelforschungsschiff „Admiral Tegetthoff" im Eis.

endlich schmolz, hatte sich eine Eisplatte unter das Schiff gelegt, sodass die Tegetthoff unweigerlich nach Norden trieb.

Im Sommer 1874 (ein Jahr später als geplant) kam die knapp 30-köpfige Mannschaft – fast vollständig und triumphierend – endlich wieder zurück. Die Nordostpassage hatte sie zwar nicht gefunden, dafür aber die letzte unbekannte Landmasse der Welt: Die Inselgruppe vulkanischen Ursprungs wurde dem Kaiser zu Ehren Franz-Josef-Land genannt.

RIVALE DES KAISERS

So sehr Kaiser Franz Josef dem Grafen Wilczek für seine Errungenschaften und Tätigkeiten wohl dankbar war, eine große Freundschaft verband die beiden Männer nicht. Zum ohnehin schon nicht besonders innigen Verhältnis kam in späteren Jahren noch ein gravierender Störfaktor dazu: dieselbe Geliebte.

Dabei schien Wilczek mit seiner Frau, Gräfin Emma Emo-Capodilista, eine durchaus glückliche Ehe geführt zu haben. Zumindest betonte er das stets, wenn er seinen Enkeln aus seinem Leben erzählte. Und das tat er häufig. Die Kinder freute das sehr, sie wollten immer mehr wissen: „Bitte, Großpapa, schreib uns alles auf!", riefen sie. Zehn Jahre nach seinem Tod veröffentlichte seine Tochter Elisabeth Kinsky-Wilczek diese Erzählungen in dem Buch *Hans Wilczek erzählt seinen Enkeln Erinnerungen aus seinem Leben* „als Denkmal, das unvergänglich bleiben möge, wenn auch manches, was er geschaffen, im Laufe der Jahre vielleicht wieder verschwunden sein wird".

Kennengelernt hatte Wilczek seine zukünftige Ehefrau, als er noch ein Teenager war und die vier Jahre ältere Gräfin Emma gerade Hofdame bei Erzherzogin Sophie wurde, der Mutter von Kaiser Franz Josef.

Die Verehrung fand anfangs im Geheimen statt. Und so mag sich ein vorbeikommender Bediensteter gewundert haben, weshalb der damals 17-jährige Hans Wilczek alleine mitten in seinem Palais in einem Durchgang stand und ein junges Frauengesicht skizzierte. Doch genau von dieser Position aus konnte der junge Graf durch die Häuserflucht zwischen seinem Palais und dem angrenzenden Palais Herberstein in das Fenster von Gräfin Emma Emo-Capodilista spähen. Die beiden hatten sich im Vorhinein einen Zeitpunkt ausgemacht, und so war es dem jungen Grafen möglich, seine Auserwählte in ihrem eigenen Zimmer zu porträtieren, ohne selbst dort zu sein (was weder seine noch ihre Familie geduldet hätten).

Weil seine Eltern ihn mit 17 zu jung für eine Verlobung fanden, folgte Hans Wilczek seiner Emma heimlich nach Mailand und mietete sich in der Wohnung seines Freundes Philipp von Liechtenstein ein. Als Hans Wilczek schließlich 21 war, konnte nichts mehr seine Entscheidung, Emma zu heiraten, ins Wanken bringen, und so gab es 1858 die lang ersehnte Hochzeit, die in den Folgejahren durch vier gemeinsame Kinder gekrönt wurde.

Trotz seiner funktionierenden Ehe war Graf Wilczek einer außerehelichen Beziehung nicht abgeneigt. Das konnte im Juli 2008 offiziell bestätigt werden, denn damals wurden im Wiener Dorotheum glühende Liebesbriefe des Grafen zum Verkauf angeboten. Diese waren nicht an seine Gattin gerichtet, sondern – an die Burgschauspielerin Katharina Schratt.

„Katherl – was ich dabei fühlte hab ich nicht für möglich gehalten, fühlen zu können – obwohl ich mich genau kenne – und ich mir ungeheueres [sic!] zutraue – Katherl jetzt sehe ich erst was ich leide fern von dir – und wie ich dich liebe – wie ich an dir halte – und was du mir bist", schrieb Wilczek im Frühsommer 1886 an die Jahrzehnte jüngere Schauspielerin, nachdem er eine Nacht mit ihr in der Villa Frauenstein am Wolfgangsee verbracht hatte.

Nur der Vollständigkeit halber: Katharina Schratt war zu diesem Zeitpunkt auch verheiratet, mit dem Diplomaten Nikolaus von Kiss. Was jedoch von weitaus größerer Konsequenz für die Wilczek-Schratt-Affäre war: Katharina Schratt hatte noch einen weiteren, viel mächtigeren Liebhaber als Wilczek: den Kaiser von Österreich. Und der war von dieser Beziehung naturgemäß alles andere als angetan, obwohl er das nicht gerne zugab. „Nie hätte ich mir erlaubt, Sie zu ersuchen, Wilczek nicht zu empfangen", schrieb Franz Josef einmal an seine Geliebte Schratt, „ich war eben nur wieder eifersüchtig, da ich Sie so lieb habe (zerreißen Sie gleich diesen Brief)."

Auf Dauer konnte diese Dreiecksbeziehung nicht gutgehen. Das muss Katharina Schratt bewusst gewesen sein. Ein paar Jahre ließ sie sich trotzdem von beiden umgarnen und ihren teuren Lebensstil finanzieren. Am Ende entschied sie sich für den Kaiser.

Die Entscheidung Schratts gegen Wilczek und für den Kaiser war wahrscheinlich weniger eine des Herzens, als eine nach dem Verstand. Nicht nur, dass ihr Ansehen als Vertraute des Kaisers erheblich größer war als das der Tochter eines Papierwarenhändlers. Die Verbindung war auch für ihre Karriere an der Burg förderlich. Und als Draufgabe kam sie auf diesem Weg auch noch in den Besitz zweier Palais. Von dem vielen Schmuck und der Tilgung ihrer Roulette-Schulden ganz zu schweigen.

Wann genau Katharina Schratt die Affäre mit Wilczek beendete, ist ungewiss. Faktum ist jedoch, dass Schratt nicht Wilczeks einzige Affäre war. Denn auch mit der Gräfin Larisch-Wallersee hatte der Graf in jüngeren Jahren ein mehr als freundschaftliches Verhältnis gepflegt. Von seiner Reise zum Nordpol brachte er ihr sogar einen Polarhund mit.

Im Übrigen wird auch diese Affäre der Beziehung zum Kaiser nicht dienlich gewesen sein: Marie Louise von Wallersee war Franz Josefs Nichte …

Wilczek starb am 27. Jänner 1922 in Wien. Seine letzte Ruhestätte fand er unter der Kapelle seiner Burg Kreuzenstein.

Das Palais Wilczek in der Herrengasse befindet sich noch immer im Familienbesitz. Heute haben hier unter anderem das Auktionshaus Sotheby's, ein THE VIENNASTORE und die Österreichische Gesellschaft für Literatur ihren Sitz.

PALAIS KINSKY,
FREYUNG/ ECKE HERRENGASSE

PFERDESTÄRKEN UND SINFONIEN

„In den schönen Räumen des [...] Hotels Bristol [...] zog gestern unvermittelt der Tod ein", schrieb das *Neue Wiener Tagblatt* am 20. Dezember 1938. Fürst Ulrich Ferdinand Kinsky, Allround-Sportmann und Präsident des Wiener Rennvereins, war bei einer Besprechung plötzlich verstorben.

Fürst Kinsky war am frühen Vormittag im Rennverein erschienen, um mit dem Sekretariatsleiter Fritz Löffler die Ergebnisse seiner Berlin-Reise zu besprechen. In Berlin waren die Renntermine der kommenden Saison für das ganze Reich festgesetzt worden. Außerdem hatte Kinsky „lebensnotwendige Fragen im besten Einvernehmen mit dem Leiter der Obersten Behörde für Vollblutzucht und Rennen, [dem] Erbprinzen zu Waldeck-Ehrmont, in günstigem Sinn" regeln können, wie es in der Zeitung hieß. Nach dem Termin mit Löffler hatte sich Kinsky bereits beim Wiener Bürgermeister angesagt, der die Ehrenpräsidentschaft des Rennvereins übernehmen wollte. Doch dazu sollte es nicht mehr kommen.

Gegen halb zwölf bot Kinsky einem unerwarteten Gast, Herrn von Bock und Polach, seines Zeichens Renn- und Vollblutzucht-Beauftragter für Westdeutschland, eine Zigarette im Klubzimmer an. Auch sich selbst zündete Kinsky eine an. Doch nach nur einem Zug legte er die Zigarette wieder weg und schien einzuschlummern.

Irritiert alarmierte Herr von Bock und Polach die Beamten

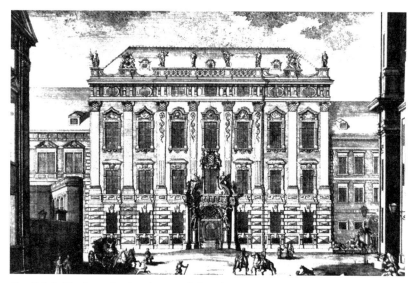

Das Palais Kinsky zu Beginn des 18. Jahrhunderts.

des Rennvereins: „Schläft der Fürst immer ein, wenn er eine Besprechung hat?", fragte er.

In Windeseile wurde der Rettungsdienst benachrichtigt, während sich die Beamten um den vom Kanapee zu Boden gesunkenen Fürsten bemühten. Doch noch bevor die Rettungskräfte eintrafen, hatte Fürst Ulrich Kinsky ohne Anzeichen eines Todeskampfes seine Seele ausgehaucht. Der herbeieilende Arzt konnte nur noch den Tod des Mannes feststellen.

Fürst Ulrich Kinsky war zu diesem Zeitpunkt 45 Jahre alt.

Nachdem die Verwandten informiert und die Gerichtskommission erschienen und wieder abgezogen war, wurde die Leiche ins Palais Kinsky an der Freyung überführt und feierlich aufgebahrt.

Das hochbarocke Palais auf der Freyung, das sich je nach Sichtweise des Betrachters am Anfang oder Ende der Herrengasse befindet, wurde zu Beginn des 18. Jahrhunderts von Johann Lucas von Hildebrandt für den Feldmarschall Wirich Philipp Graf Daun erbaut. Ende des 18. Jahrhunderts kam es über Rosa Gräfin von Kinsky in den Besitz dieser böhmischen Adelsfamilie. Nach dem Tod des kinderlosen Fürsten Karl übernahm 1919 Neffe Ulrich Ferdinand Kinsky die Familienbesitzungen.

Es war keine einfache Zeit für den Adel und die Familie Kinsky. Durch das Adelsaufhebungsgesetz verloren die Kinskys ihre fürstliche Identität, wegen der damals herrschenden großen Wohnungsnot wurden wenig später Teile des Palais von der Stadtverwaltung zwangsvermietet. Aufgrund der Bodenreformgesetze in der neugegründeten Tschechoslowakischen Republik wurden sie auch noch eines Großteils ihres dortigen Besitzes enteignet. Was ihnen blieb, waren 10.000 Hektar Grund, eine Zuckerfabrik und drei Brauereien.

Bekannt geworden ist Fürst Ulrich weniger wegen seines Einsatzes in der Politik als für sein Engagement im sportlichen Bereich – eine Begeisterung, die in der Familie lag: Ulrichs Onkel Karl schaffte es 1883 mit der Stute Zoedone als erster Herrenreiter des Kontinents, den „Grand National Steeplechase" in Liverpool zu gewinnen. (Die „Rösslstiege" erinnert noch heute an die Stallungen, die früher im Palais untergebracht waren.) Und auch sein Neffe Ulrich widmete sich mit Liebe und Hingebung dem Pferdesport: Er hielt einen eigenen Reitstall und nahm an diversen Rennen teil.

1910 hob Kinsky (damals noch Graf, nicht Fürst) mit Fürst Otto Windisch-Graetz, Prinz Vinzenz Auersperg und Graf Gizycki den ersten Poloklub Österreichs aus der Taufe. In Wien und auf der Anlage beim Schloss Kottingbrunn wurden jede Menge Turniere veranstaltet. Durch den ersten Weltkrieg fand der Polosport dann vorerst ein jähes Ende. 1926 blühte die Pferdesportart zwar wieder auf, aber die Weltwirtschaftskrise setzte ihr erneut zu, und von den Nazis wurde Polo verboten, sodass es erst 1991 wiederbelebt wurde. Richard Drasche-Wartinberg öffnete die Pforten seines Schlossparks in Ebreichsdorf dafür und schuf dadurch eine der schönsten Polokulissen.

Zurück zu Ulrich Kinsky und der Zwischenkriegszeit: Im Jahr 1932 übernahm Kinsky die Präsidentschaft der Österreichischen Renn- und Kampagnenreitergesellschaft, später wurde er Veranstalter der weltbekannten Freudenauer Rennen. In der Freudenau gab es vorerst finanziell bedingt einige Auf und Abs, bis Ende der 1930er-Jahre endlich ein wenig Ruhe einkehrte. Eine Ironie des Schicksals, die auch das *Neue Wiener Tagblatt* ansprach: „Die Tragik seines Geschickes wollte es, dass er gerade in dem Augenblick, als alle Fragen geklärt und der Freudenauer Rennbetrieb wieder auf eine gesicherte Basis gestellt worden war, vom Tode abberufen wurde."

Der Pferdesport allein war Kinsky jedoch nicht genug gewesen, es hatte ihn von jeher zu allem gezogen, was schnell war: Als Privatflieger zog er 1927 beim internationalen Flugmeeting in Italien die Aufmerksamkeit auf sich und als Präsident des Österreichischen Aeroklubs später auf Österreich. Der hohe Rang, den der ostmärkische Segelflug daraufhin in der Welt einnahm, war ihm zu verdanken.

Neben der Funktion als Präsident des Aeroklubs, des Poloklubs und des Rennvereins war er auch noch Vizepräsident des Österreichischen Automobilklubs. Mit seinem eigenen Wagen (von Steyr) und oftmals mit dem eigenen Rennstall nahm er an internationalen Events teil und gilt heute als schnellster österreichischer Rennfahrer der Zwischenkriegszeit.

KUNSTFREUNDE

Ulrichs Vorfahre Fürst Ferdinand Kinsky hatte etwa hundert Jahre zuvor weniger Glück zu Pferd. Er kam 1812 bei einem Reitunfall ums Leben. (Ferdinand Fürst Kinsky entsprang übrigens der Ehe von Fürst Joseph Kinsky und Rosa Maria Gräfin Harrach, um einmal mehr die enge Verbindung zwischen den beiden Adelsfamilien aufzuzeigen.)

Bekannt ist Fürst Ferdinand heute vor allem für seine Gönnerschaft: Er förderte intensiv jenen deutschen Komponisten, der zum künstlerischen Schaffen nach Wien gekommen war – Ludwig van Beethoven.

Eine Zeitgenossin beschrieb den damals armen Künstler als: „[...] klein und unscheinbar, mit einem hässlichen rothen [sic!] Gesicht voll Pockennarben. [...] Sein Anzug sehr gewöhnlich [...] Dabei sprach er sehr im Dialect und in einer etwas gewöhnlichen Ausdrucksweise, wie überhaupt sein Wesen nichts von äußerer Bildung verriet, vielmehr [war er] unmanierlich in seinem ganzen Gebahren und Benehmen."

Johann Wolfgang von Goethe scheint das ähnlich gesehen zu haben: „Er ist leider eine ganz ungebändigte Persönlichkeit, die zwar gar nicht Unrecht hat, wenn sie die Welt detestabel findet, aber sie freilich dadurch weder für sich noch für andere genussreicher macht."

Trotz seines Aussehens und seiner ungehobelten Manieren schaffte es der Komponist, sich Zugang zu den besten Kreisen Wiens zu verschaffen – und von Adeligen wie Ferdinand Bonaventura Fürst Kinsky oder Kunstfreunden wie Karl Fürst Lichnowsky und Erzherzog Rudolf finanziell unterstützt zu werden.

Als der König von Westfalen 1809 Beethoven zu sich holen wollte, taten sich Fürst Kinsky, Erzherzog Rudolph und Fürst Lobkowitz zusammen, um das zu verhindern. Sie boten dem Komponisten eine jährliche Rente von umgerechnet 4.000 Euro an, damit Beethoven in Wien bleiben würde. Was funktionierte: Beethoven blieb, und selbst nach Kinskys Tod 1812 floss das Geld weiterhin in seine Tasche. In einem Brief an die Witwe des verstorbenen Ferdinand Bonaventura Fürst Kinsky schrieb Beethoven gar: „[D]enn leicht werden Sie sich vorstellen können, wenn man einmal auf etwas sicher rechnet, es schmerzlich ist, solches so lange entbehren zu müssen, um so mehr, da ich einen unglücklichen kranken Bruder samt seiner Familie gänzlich unterstützen muss."

DIE FRIEDENS-BERTHA

Vier Jahre bevor Sport-Allroundmann Ulrich Ferdinand Fürst Kinsky geboren wurde, erschien von einer seiner Verwandten ein Buch, das (bis zum Erscheinen von Erich Maria Remarques *Im Westen nichts Neues*) als wichtigstes Werk der Antikriegsliteratur gehandelt wurde: Bertha von Suttner, geborene Kinsky, eine Frau, die aus einer Familie mit vielen Generälen stammt (und auf der österreichischen Zwei-Euro-Münze abgebildet ist), schrieb 1889 den pazifistischen Roman *Die Waffen nieder!*

Geschrieben wurde der Roman zwar nicht im Palais Kinsky, die Herrengasse ist trotzdem auch Schauplatz: „Mein Weg führte mich durch die Herrengasse an dem Gebäude – das sogenannte Landhaus – vorbei, wo der patriotische Hilfsverein seine Bureaus untergebracht hatte", heißt es da.

Trotz ihrer adeligen Vorfahren hatte Bertha alles andere als eine vornehme erste Lebenshälfte, wie der Historiker Georg Markus feststellte. Denn das Vermögen des früh verstorbenen Vaters fiel der Spielleidenschaft der Mutter zum Opfer. Der Umstand, dass ihre Mutter keine Adelige, sondern eine Bürgerliche war, ließ Bertha (damals noch) Kinsky zudem befürchten, ein Dasein als alte Jungfer fristen zu müssen. Da kam der damals 30-Jährigen die Stelle als Gouvernante beim Industriellen Freiherr Karl von Suttner gerade recht.

Mit dem Job kam auch die Liebe: Arthur, der jüngste Sohn der Familie, verliebte sich in die sieben Jahre ältere Bertha – eine Beziehung, die geheim bleiben musste, da es völlig aussichtslos war, dass Arthurs Eltern diese Liaison gutheißen würden.

Als Arthurs Eltern nach drei Jahren dahinterkamen, wurde Bertha entlassen. Um sie möglichst rasch loszuwerden, suchte Arthurs Mutter nach einer neuen Stelle. Die Zeitungsannonce, dass ein reicher, in Paris lebender Herr eine Sekretärin und Hausdame suchte, kam da wie gerufen.

Was nicht zu ahnen war: Diese „Strafversetzung" sollte Bertha in Bekanntschaft mit jener Person bringen, die ihr Leben entscheidend prägen und ihren Pazifismus nähren würde. Es klingt fast ein wenig ironisch, aber es entspricht den Tatsachen: Jener Mann, der Bertha dazu inspirieren würde, sich gegen den Krieg zu engagieren, war ausgerechnet der, der durch die Erfindung des Dynamits zu Reichtum gekommen war. Denn der sich auf der Suche nach einer Sekretärin und Hausdame Befindliche war niemand geringerer als Alfred Nobel.

Noch konnte sich Bertha allerdings nicht auf die großen Probleme der Welt konzentrieren, denn sie hatte trotz der räumlichen Distanz nur eines im Kopf: Arthur. In Briefen schrieb er, dass er sie liebe, dass er nicht ohne sie sein könne. Und dass er lieber auf sein Erbe verzichten würde als auf seine Liebe zu Bertha.

Da fasste Bertha einen Entschluss: Sie hatte genug vom Schmachten und Schluchzen in Paris und reiste heimlich nach Wien zurück, um Arthur zu heiraten. In Wien konnten die beiden natürlich nicht bleiben, also flohen sie nach Russland, wo sich Bertha eine Stelle am Zarenhof erhoffte. Der Wunsch ging nicht in Erfüllung, und so folgte für das junge Liebespaar eine Zeit des Durchschlagens, der Gelegenheitsarbeit und der finanziellen Not.

Nach neun Jahren kehrten Bertha und Arthur wieder nach Wien zurück – und Arthurs Familie verzieh ihnen.

Auf dem Suttner'schen Familienschloss Hartmannsdorf in Niederösterreich begann Bertha mit ihrem Friedenswerk. Im Alter von 62 Jahren erhielt sie dafür als erste Frau den Friedensnobelpreis.

Der Tod ereilte sie eine Woche vor dem Beginn des Ersten Weltkriegs.

PALAIS TRAUTTMANSDORFF,
HERRENGASSE 21

TREUE TRAUTTMANSDORFFS

Die Herren von Trauttmansdorff erwiesen dem Hause Habsburg seit jeher ihre Loyalität. Gleich 14 von ihnen fielen im Mittelalter in der Schlacht von Stillfried unter dem Banner Rudolphs von Habsburg gegen Ottokar von Premysl. (Jener Ottokar, der bei Grillparzer Glück und Ende findet.) Ihre Enkel kämpften später in der Mühldorfer Schlacht im Jahre 1322. Mitte des 16. Jahrhunderts setzte Maximilian von Trauttmansdorff die Riege fort. Er diente Ferdinand II. als umsichtiger und bedächtiger Berater und dessen Nachfolger Ferdinand III. als erster Minister. Als solcher half er beim Sturz des Generalissimus Albrecht von Wallenstein mit, dem großen böhmischen Feldherrn mit zu hochfliegenden Plänen, dem Friedrich Schiller eine Dramentrilogie und Alfred Döblin einen Roman widmete.

Fünf Jahre nachdem Wallenstein von kaisertreuen Offizieren ermordet worden war, kam Maximilians Familie in Besitz jenes Palais in der Herrengasse 21, das noch heute den Namen der Adelsfamilie Trauttmansdorff trägt. Es wurde Teil des Familienfideikommisses, einer erbrechtlichen Einrichtung, deren Ziel es ist, Vermögen – meist Grundbesitz – geschlossen zu erhalten. Hiernach hat stets nur ein Familienmitglied das Recht, die Nutzungen aus dem Besitz zu ziehen.

Der damals frühbarocke Bau wurde 1792 komplett neu gestaltet. Unter Baumeister Andreas Zach bekam das Gebäude eine frühklassizistische Fassade, ein weiteres Stockwerk und eine neue Stiege. 1798 kamen durch Baumeister Franz Wipplinger ein drittes und viertes Geschoß dazu.

Zachs Auftraggeber war Graf Ferdinand Trauttmansdorff. Ein Mann, auf den schon Herrscherin Maria Theresia aufmerksam geworden war. Und das nicht nur, weil sein Vater Franz Norbert ein Ritter des goldenen Vlieses und seine Mutter Maria Anna (geborene Gräfin Herberstein) eine bekannte Hofdame war. Vielmehr stach Graf Ferdinand der großen Maria Theresia ob seines beruflichen Engagements ins Auge: Als Zweitgeborener war für Graf Ferdinand eine Karriere im Dienste des Staates vorgesehen. Diese Pläne änderte Ferdinand auch nicht, als sein älterer Bruder früh verstarb und er die Besitztümer seiner Familie erbte. Und so machte er sich daran, die Verhältnisse des deutschen Reiches genau zu studieren. Schon damals wusste er: Nur wenn man das System kennt, kann man das Handeln der einzelnen Akteure verstehen und – im besten Fall auch – lenken.

Das Maria-Theresien-Denkmal zwischen Kunst- und Naturhistorischem Museum

1780 wurde Ferdinand die Stelle eines Gesandten am Regensburger Reichstage anvertraut, drei Jahre später die Leitung der Gesandtengeschäfte im fränkischen Kreis. Eigentlich waren das keine großen Karriereposten, dennoch schaffte er es, den Kaiser auf sich aufmerksam zu machen.

Als die kaiserlichen Truppen in die Niederlande ziehen wollten, bedurfte diese Aktion der Zustimmung der Reichsstände. Das war gar nicht so einfach, der Kaiser bekam sie nicht überall – wohl aber im fränkischen Kreis, da Ferdinand Trauttmansdorff hier den Weg geebnet hatte.

Am 11. Oktober 1787 wurde Trauttmansdorff schließlich bevollmächtigter Minister der Niederlande. Doch das war keine leichte Aufgabe, obschon die Niederländer ihm anfangs vollstes Vertrauen entgegenbrachten. Aber die Unzufriedenheit mit der josephinischen Reformpolitik wurde immer größer, und als Soldaten am 22. Jänner 1788 vor dem Brüsseler Stadthaus Schüsse in die unruhige Menge abfeuerten, war der Vertrauensvorschuss komplett zunichte. Zwei Jahre konnte sich Trauttmansdorff noch behaupten, aber als die Revolution ausbrach, sah sich die Regierung gezwungen, das Land zu verlassen. Auch nach der Wiedereroberung kehrte Trauttmansdorff nicht dorthin zurück.

1801 wurde Ferdinand Trauttmansdorff zur interimistischen Verwaltung der auswärtigen Geschäfte berufen, während Vizekanzler L. Cobenzl in Lüneville weilte. Dabei wollte Trauttmansdorff sich bewusst von der „listigen und verdrehten Politik, wodurch alles Vertrauen verscherzet wird", abwenden. Lange kam Ferdinand sowieso nicht zum Zug: Cobenzl kehrte zurück, Trauttmansdorff musste weichen. Und wurde am 12. Jänner 1805 als Dank für seine treuen Dienste vom Kaiser in den Fürstenstand erhoben – eine Würde, die er in gerader Linie an die Erstgeborenen seines Stammes weitergeben sollte. Würde hin, Ehre her – dennoch scheint es, als habe Ferdinand sein politisches Potenzial nie ganz ausleben können, weil er stets kurz vor seinem (potenziellen) Durchbruch abgesetzt wurde. Vielleicht mit ein Grund dafür, dass seine Denkschriften zur politischen Lage bis heute relativ unbekannt sind.

Das Trauttmansdorff-Palais auf Nummer 21 bekam 1841 durch Franz Ehmann (einer der zahlreichen Baumeister, die Wien in der Zeit des Vormärz stark prägten, heute aber in Vergessenheit geraten sind) eine neue Innenausstattung und einen neuen Innenhof. Ziemlich genau hundert Jahre später wurde der Trauttmansdorff'sche Fideikommiss aufgelöst und das Palais kurz darauf verkauft. So kam es 1966 ins Eigentum der Niederösterreichischen Brandschadenversicherung. Derzeit wird das schöne Palais gemeinsam mit dem benachbarten Palais Batthyány-Strattmann zu einem Luxuswohnhaus mit einer attraktiven Ladenzeile umgebaut.

LANG LEBE DER KUCHEN

Erst 2015 schaffte es eine ehemalige Besitzung mit einer kuriosen Meldung in die Schlagzeilen. Mitte des 19. Jahrhunderts war Joseph von Trauttmansdorff, Graf der Steiermark, ins Meraner Land gezogen und hatte jene verfallene Burg erworben, die heute als Schloss Trauttmansdorff bekannt ist. 1897 wählte Kaiserin Elisabeth dieses Schloss für ihren vierten und letzten Kuraufenthalt in Meran. (Ihre regelmäßigen Besuche in diesem Teil Südtirols gaben dem dortigen Tourismus einen ordentlichen Schub.)

Wie allgemein bekannt, war Sisi stets auf ihre Figur bedacht. Bei einer Größe von 1,72 Meter wog sie 46 Kilo und hatte einen Taillenumfang von 50 Zentimetern. Um diese Traummaße halten zu können, war sie ihr Leben lang auf Diät.

Während ihres Aufenthalts in Meran kehrte Sisi eines Tages in Nals beim „Sonnenwirt" ein. Die von so hohem Besuch überraschte Wirtin backte rasch einen Kuchen für die Kaiserin, die kalorienbewusste Sisi nahm sich jedoch nur ein kleines Stück davon. Der Rest der Süßspeise wurde nicht angetastet und von Generation zu Generation weitergegeben. Nun ist er auch für Besucher zu sehen und das Südtiroler Museum für Tourismus um ein Kuriosum reicher: Der 118 Jahre alte Kuchen befindet sich in einer Vitrine im Landesmuseum für Tourismus in Meran, im „Touriseum" im Schloss Trauttmansdorff.

DIE FRAUEN DER HERRENGASSE

*Ich glaube nicht,
dass man
einen Mann braucht.*

Lady Diana Frances Spencer,
Fürstin von Wales

SCHWARZWALDSCHULE, HERRENGASSE 10

DIE FRAUDOKTOR

Das Leben der Frauen zu Beginn des 20. Jahrhunderts beschrieb Eugenie Schwarzwald, geborene Nussbaum, einmal so: „War man reich, wartete man auf einen Mann [...]. Die Zwischenzeit zwischen Schule und Ehe wurde eben vertrödelt, weil es nicht lohnt, einen Zustand, der keine Dauer verspricht, zu füllen. War man arm, dann wartete man erst recht auf einen Mann, denn er war der einzige Gewinn in der Lebenslotterie."

Das war nicht das Leben, das Eugenie Schwarzwald führen wollte! Sie wollte nicht einfach nur heiraten, sie wollte lieber studieren. (Geheiratet hat sie später übrigens doch, und zwar den Juristen und Bankdirektor Hermann Schwarzwald.)

Die jugendliche Eugenie ließ die Lehrerinnenausbildung jedenfalls sein und ging für ein Philosophiestudium nach Zürich, die einzige Stadt Europas, in der Frauen zu jener Zeit studieren durften. Eugenie war eine von 393 Studentinnen, die damals an der Uni inskribierten, nur 45 davon kamen aus der Schweiz. Eugenie kam erst nach Wien zurück, nachdem sie das Studium abgeschlossen hatte.

Im Jahr 1900 war das höhere Mädchenschulwesen in Österreich endlich neuorganisiert worden, im Folgejahr übernahm Eugenie Schwarzwald das Mädchenlyzeum am Franziskanerplatz. Im Unterschied zu Knabenschulen waren Lyzeen nur sechsklassig. Sie wurden zwar sehr wohl mit einer Reifeprüfung abgeschlossen, zum Universitätsstudium berechtigte diese aber nicht.

Eugenie Schwarzwald gelang es nach und nach, das Lyzeum

am Franziskanerplatz zu einem Schulzentrum zu erweitern, bis es 1911 offiziell zu einem achtklassigen Mädchenrealgymnasium mit Fokus auf Naturwissenschaften und Fortschritte in der Technik wurde. „Ich wollte eine Schule, die ich mir gewünscht hatte, wenigstens anderen verschaffen", schrieb sie einmal.
Ihre Kindheit und Jugend hatte Eugenie Schwarzwald durch den Mangel an interessanten Ausbildungsmöglichkeiten für Mädchen ziemlich langweilig gefunden, und Langeweile – so lautete ihr Motto – ist ein Gift, das man Kindern nicht zumuten darf. Mit Maria Montessori tauschte sie sich immer wieder über ihre Ideen aus. Sie wollte die Phantasie der Schülerinnen fördern, anstatt diese durch Gewalt zu verängstigen.

Ab 1913 befand sich die erwähnte Schule in den oberen Stockwerken der Herrengasse 10, also im Gebäude des heutigen Steigenberger Hotels Herrenhof. Es gab 22 Klassenzimmer, eine Bibliothek, und vom vierten Stock konnte man direkt auf den

Dachgarten steigen, der übrigens von Adolf Loos eingerichtet worden war. Hier wurde bei Schönwetter der Turnunterricht abgehalten. (Während des Ersten Weltkrieges sollten hier dann Soldaten verarztet werden.)

Laut Historiker Robert Feuchtmüller hatte mit der Schwarzwaldschule „die Herrengasse ein modernes geistiges Zentrum erhalten", das den Verlust des Bösendorfersaales von den Liechtensteiner Höfen wettmachen sollte.

Viele der ehemaligen Schülerinnen würden die Unterstützung und Förderung der „Fraudoktor", wie sie von Schülerinnen, Schützlingen oder engen Freunden genannt wurde, nie mehr vergessen: „Ohne Fraudoktor hätte ich die Emigration nicht überlebt", war etwa die Schauspielerin Elisabeth Neumann-Viertel überzeugt. „Ohne sie wäre ich nie Journalistin geworden", sagte die schwedische Journalistin Merete Bonnesen.

Auch die Schriftstellerin und Journalistin Hilde Spiel oder die Musikerin und Schriftstellerin Vicky Baum sind Schwarzwald-Absolventinnen. Ebenso Jahre davor die Tänzerin und Operettensängerin Elsie Altmann-Loos ...

KUNST-LEHRER

Apropos Loos: Der Architekt Adolf Loos hat nicht nur den Dachgarten oder die Schulräume in der Herrengasse eingerichtet, er unterrichtete die Mädchen auch in Kunstgeschichte.

Dieses tat auch der Maler Oskar Kokoschka, was aber der Wiener Stadtschulrat nicht billigte. Als Eugenie Schwarzwald aufgefordert wurde, Kokoschka zu entlassen, widersetzte sie sich dieser Forderung. „Das geht nicht, der Kokoschka ist ein Genie", soll sie gesagt haben. Darauf erwiderte ein Vertreter des Stadtschulrates lediglich: „Genies sind im Lehrplan nicht vorgesehen."

Eugenie Schwarzwald hielt sich generell nicht an den damals herrschenden Lehrplan. Sie hatte ihre eigenen Ziele im Kopf: soziales Verhalten und Menschlichkeit. Und das sei nicht eingetrichtert worden, sondern einfach gefördert, erklärte die ehemalige Schülerin Franzi Heidenreich 2014 in einem Interview. Etwa durch die Weihnachtsfeiern, bei denen die Schülerinnen die Aufgabe bekamen, arme Kinder zu beschenken. „Damals habe ich zum ersten Mal eine andere Schicht der Bevölkerung kennengelernt; das waren keine bürgerlichen Kinder", erinnerte sich Heidenreich.

Auch ihre Fähigkeit, sich eine eigene Meinung zu bilden, habe sie in der Schwarzwaldschule gelernt. Immer wieder seien sie nach ihrer Haltung, ihrer Position gefragt worden. Nicht selten wurde dann heiß diskutiert. „Das waren wir nicht gewohnt", erklärte die ehemalige Schwarzwald-Schülerin, „wir waren es gewohnt, gesagt zu bekommen: Mach dies, mach das."

Als der Erste Weltkrieg ausbrach, setzte sich Eugenie Schwarzwald vermehrt im sozialen Bereich ein: Sie gründete Gemeinschaftsküchen oder die Aktion „Wiener Kinder aufs Land", mit der sie 4.000 unterernährten Kindern Ferienzeit außerhalb von Wien ermöglichte.

Kurz vor dem Ausbruch des Zweiten Weltkriegs kehrte Schwarzwald Österreich den Rücken. Während einer Vortragsreise in Dänemark wurde sie von der Nachricht vom Einmarsch Hitlers in Österreich überrascht. Dadurch gewarnt, wusste sie von den Gefahren, nach Österreich zurückzukehren, und verzichtete darauf.

Schwarzwald zog sich in die Schweiz zurück, ihre Schule wurde von den Nationalsozialisten zugesperrt, und ihr Besitz beschlagnahmt. Noch im selben Jahr erkrankte Eugenie Schwarzwald an Brustkrebs, im Jahr 1939 starb ihr Mann und ein Jahr später sie.

ERINNERUNGEN

Obwohl Schwarzwald viele Männer unterstützte, bekam sie nur wenig Hilfe von ihnen retour. Im Gegenteil: Karl Kraus oder Elias Canetti, die sich des Öfteren gemeinsam mit anderen Künstlern und Denkern dieser Zeit in ihrer Wohnung einfanden (auch die war übrigens von Adolf Loos gestaltet worden), zogen immer wieder über sie her. Eine „Schwätzerin" nannte Canetti sie.

Und Leo Perutz, so erzählt es Friedrich Torberg in der *Tante Jolesch,* ignorierte die „Fraudoktor" bei „irgendeinem offiziellen Empfang" einfach. Als Perutz dann kauend am Buffet stand, ging sie zielstrebig auf ihn zu: „Sie haben mich ja schon wieder nicht gegrüßt, Herr Doktor Perutz" – „Entschuldigen Sie", erwiderte Perutz mit vollem Mund und erdreistete sich hinzuzufügen: „Ich hab geglaubt, Sie sind die Schwarzwald."

Vielleicht waren sie irritiert, vielleicht sogar ein wenig eingeschüchtert von der Energie, der Tatkraft der „Pädagogin, die einen das erste Mal schon beim Empfang an ihren Bauch drückte und einen so herzlich empfing, als sei man von Säuglingsjahren an ihr Schüler gewesen, als sei man durch kein Geheimnis von ihr getrennt und habe sich unzählige Male schon das Herz bei ihr ausgeschüttet", beschrieb Elias Canetti sie.

Geprägt scheint sie viele Künstler in jedem Fall zu haben. Denn immer wieder treten in der Literatur Charaktere auf, die ihr ähnlich sind. Salondame Ermelinda Tuzzi – in Robert Musils *Der Mann ohne Eigenschaften* – hat zweifellos Eigenschaften von Eugenie Schwarzwald. Und auch in Karl Kraus' *Die letzten Tage der Menschheit* kann man das Ehepaar Schwarzwald herauslesen.

Abgesehen von den Charakteren erinnert heute kaum noch etwas an die Pionierin. Ursprünglich war eine Gedenktafel an der Außenseite des Hotel Herrenhof, also an jenem Haus, in dem sich früher die Schwarzwaldschule befand, geplant. 2012 war erstmals ein entsprechender Antrag von den Grünen in der Bezirksvertretungssitzung der Inneren Stadt eingebracht worden. Doch die FPÖ stemmte sich dagegen, denn: Eugenie Schwarzwald sei angeblich eine Antisemitin gewesen. „Was bei Bürgermeister Karl Lueger Recht war, muss hier billig sein. Man misst hier mit zweierlei Maß", erklärte Klubobmann Georg Fürnkranz in einer Aussendung. Die Partei stützte sich bei ihrer Behauptung auf einen privaten Brief der Pädagogin an ihren Freund, den Sozialisten Hans Deichmann.

Darin heißt es: „Was mich, die ich ehrlich antisemitisch bin, am meisten ärgert, ist die Tatsache, dass ein Jude, auch wenn er kein Talent und keinen Charakter hätte, wohl aber die Fehler und Schwierigkeit seiner Rasse, unbedingt zum Ziel gelangt. Die Judenfrage ist deshalb unlösbar, weil die Gastvölker nur schlechte Juden haben wollen."

Für die Schwarzwald-Befürworter steht diese Aussage im Widerspruch zu ihrem gelebten Leben und der Hilfe, die sie jedem zuteil werden ließ – unabhängig von dessen Religion und Kultur. Dazu komme, dass Eugenie Schwarzwald in Zürich auf dem Einwohneramt als Religionszugehörigkeit „israelitische Konfession" angegeben habe.

Schlussendlich konnte der Antrag für die Errichtung einer Tafel in der Inneren Stadt doch durchgebracht werden.

Im Frühjahr 2016, knapp drei Jahre nach der Entscheidung, ist aber immer noch keine Ehrentafel angebracht worden. Die Projektverantwortlichen wollen mittlerweile mehr als eine Gedenktafel. Sie arbeiten an einer Kunstinstallation, mit der Eugenie Schwarzwald gebührend gewürdigt werden soll. Sie hoffen, diese im Zuge der im Raum stehenden Neugestaltung der Gasse realisieren zu können.

Zumindest eine Erinnerung an die Reformpädagogin gibt es

derzeit aber dennoch: In der Volkshochschule Hietzing finden Besucher eine kleine Dauerausstellung über Eugenie Schwarzwald. Der Volkshochschule-Direktor und Historiker Robert Streibel hat sich jahrelang intensiv mit der Pionierin beschäftigt und geraume Zeit auch Treffen für ehemalige Schülerinnen organisiert. In den Gesprächen mit den Frauen habe er vor allem eines herausgehört: Die Schulzeit war die schönste Zeit ihres Lebens gewesen. Diesem Umstand möchte er mit seiner Ausstellung Tribut zollen.

PALAIS BATTHYÁNY, HERRENGASSE 19

DIE SCHÖNE LORI

Prinz Eugen von Savoyen soll lieber Zeit in Gärten – oder auch mit Gärtnern – als mit Frauen verbracht haben, heißt es. Trotzdem hat eine Dame den Beinamen „Eugens Geliebte" erhalten. Ihr Name lautet Eleonore Batthyány-Strattmann.

Eleonore geborene Strattmann kam als Elfjährige aus der Pfalz in Südwestdeutschland nach Wien, als ihr Vater Theodor Heinrich die Stelle als Hofkanzler erhielt. Neun Jahre später heiratete Eleonore den ungarischen Grafen Adam Batthyány. Doch die beiden sollten nur eine kurze gemeinsame Zeit haben. Bereits 1703 verstarb Adam.

In der Folgezeit avancierte Eleonore Batthyány-Strattmann zu einer der angesehensten Damen auf dem Wiener Hof und zur langjährigen Begleiterin und angeblichen Geliebten von Prinz Eugen.

1718 erwarb sie das Palais in der Herrengasse Nummer 19. Zwei Jahre zuvor war der Bau mit dem Nachbarpalais, benannt nach der Adelsfamilie Orsini-Rosenberg, zusammengelegt worden. Der österreichische Architekt Christian Alexander Oedtl durfte das mittlere Gebäude umbauen und eine einheitliche Fassade schaffen.

Im 19. Jahrhundert befand sich in jenem Gebäudeteil Ecke Herrengasse/Bankgasse das bereits erwähnte Hotel Klomser, in dem Oberst Redl Selbstmord beging. 1911 kam es für kurze Zeit wieder in den Besitz der Batthyánys, 13 Jahre später erwarb es die Niederösterreichische Brandschadenversicherung.

ZU ENG?

Aber noch einmal dreihundert Jahre zurück. Zurück zu Adelsdame Eleonore und Ritter, Diplomat, Kunstkenner und Mäzen Eugen.

Wann oder wie genau sich die beiden kennenlernten, ist nicht bekannt. Nach dem Spanischen Erbfolgekrieg zu Beginn des 18. Jahrhunderts waren sie jedenfalls eng befreundet.

Zu dieser Zeit, nämlich am 1. September 1715, schrieb der französische Diplomat Graf du Luc über Eugen: „Er verbringt seine Zeit mit verschiedenen Frauen, die einen kleinen Hof gebildet haben. Die Gräfin Batthyány übt einen größeren Einfluss auf ihn aus als irgendeine andere. Sie steht nicht mehr in der Blüte ihrer Jugend, hat aber einen lebhaften Charakter."

Auch in diplomatischen Berichten wurde sie nach 1715 zuerst als Eugens Egeria, dann als seine ständige Begleiterin und Geliebte bezeichnet. Mit ihren ausgeprägten Zügen und ihrem langen, schwarzen Haar und ihrem schmalen Gesicht soll sie Eugens Mutter ähnlich gesehen haben. Hübsch war sie in jedem Fall. Immer wieder wurde sie als „die schöne Lori" bezeichnet.

Im Laufe der Jahre entwickelten sich immer mehr Legenden rund um die Beziehung der beiden, etwa dass der Prinz der Vater ihrer Söhne sei. Dies scheint im Rückblick jedoch ausgeschlossen, denn die Buben kamen zu einem Zeitpunkt zur Welt, als sich die Wege der beiden noch nicht gekreuzt hatten.

Jedenfalls keine Legende war die Intrige der spanischen-katholischen Partei 1718 gegen den damals 56-jährigen Prinz Eugen. Durch seine Anti-Spanien-Haltung hatte er sich einige der Emigranten zu Feinden gemacht. Dafür wurde er von ihnen bei Kaiser Karl VI. denunziert.

Karl war der dritte Habsburgische Herrscher in Folge, dem Eugen diente (und übrigens auch der Vater von Maria Theresia).

Die Beziehung zwischen Eugen und Karl, der aus Spanien gekommen war, um die Krone seines Bruders (dessen einziger Sohn im Kindesalter gestorben war) zu übernehmen, war jedenfalls stets gespannt. Und so brachte der Herrscher der Intrige wohl von Beginn an gehobenes Interesse entgegen.

Johann Michael Graf von Althann, damaliger Günstling des Kaisers, und seine Freunde warfen dem Prinzen zu geringe Arbeitsmoral vor. Nur wenige Stunden am Tag kümmere er sich um seine Akten, den Rest übernehmen die Beamten. Er selbst unterhalte sich lieber in illustrer Gesellschaft.

Dazu komme die Unbesonnenheit in seinem Privatleben. Er habe sich zu eng mit Eleonore Batthyány eingelassen. Jeden Abend spiele er mit ihr eine (oder mehrere) Partien Piquet oder Whist. Er sei ihr völlig verfallen, erklärten die Männer. Sogar Staatsangelegenheiten würde er mit ihr besprechen. Einer Frau! Unerhört! Einer bestechlichen noch dazu! Mit ihr habe man das Sprachrohr des Feindes ins Land gelassen.

Auch der britische Botschafter François-Louis de Pesmes de Saint-Saphorin bestätigte den negativen Einfluss der Gräfin: „Eugens Einfluß wird täglich geringer, da der Kaiser davon überzeugt wurde, daß die Ansichten des Prinzen ihm von der Gräfin Batthyány oder von deren Hintermännern in den Kopf gesetzt wurden. Im Hinblick darauf sagt der Kaiser stets, daß er bereit ist, sich der Meinung des Prinzen anzuschließen, vorausgesetzt daß er sicher sein könne, es tatsächlich mit Eugens eigener Ansicht zu tun zu haben. Er sei aber nicht geneigt, sich die Ansichten der Gräfin Batthyány zu eigen zu machen."

Die geplante Intrige konnte Eleonore aufdecken. Sie selbst wurde aber nicht zur Audienz vorgelassen. Prinz Eugen überreichte die entlastenden Dokumente alleine dem Kaiser.

DER GRÄFIN EINE STIMME GEBEN

Genau an diesem Punkt setzt Autor Erwin Riess an. Rund 300 Jahre nach der Intrige am Kaiserhof schrieb er den Theatermonolog „Der Zorn der Eleonore Batthyány", in dem er der verärgerten Gräfin eine Stimme gab. 2014 wurde das Stück von Regisseur Karl Baratta wieder aufgenommen und in Eugens neu renoviertem Winterpalais inszeniert.

Die Rolle der Eleonore übernahm nun niemand Geringerer als Johanna Orsini-Rosenberg – Schauspielerin aus jenem Adelsgeschlecht, das die Herrengasse 19 vor den Batthyánys bewohnte.

Die ursprünglich in der südlichen Steiermark ansässige Adelsfamilie hatte als ihren Stammsitz das Schloss Alt-Grabenhofen bei Graz, das 1773 wegen Baufälligkeit abgerissen werden musste. Im 17. und 18. Jahrhundert stellten insgesamt drei Orsini-Rosenbergs den Kärntner Landeshauptmann. Ende des 17. Jahrhunderts wurde Andre von Orsini-Rosenberg vom Kaiser mit dem Palais in der Herrengasse beschenkt.

Johanna Orsini-Rosenberg kannte Regisseur Karl Baratta vom Volkstheater. Als die Idee zum Theaterstück geboren wurde, fand im Winterpalais gerade eine Prinz-Eugen-Ausstellung statt. „Wir mussten schnell handeln, um noch in der Ausstellung spielen zu können." Einen idealeren Ort als die barocke Winterresidenz des Prinzen mit den hohen Räumen, den Deckengemälden und den glitzernden Lustern hätte man für den Anklagemonolog an den abwesenden Prinz Eugen wohl kaum finden können.

„Dieses Stück fühlte sich von Anfang an richtig an. Ich durfte hier zuhause sein. Es war, als hätte Eleonore Batthyány mir ihren Sanktus gegeben", sagt Johanna Orsini-Rosenberg mit einem Augenzwinkern.

Dabei war ihr die Verbindung anfangs noch gar nicht bewusst: „Als Kind war mir zwar gesagt worden war, dass unsere Familie

Johanna Orsini-Rosenberg als zornige Eleonore Batthyány.

in der Herrengasse ein Palais hatte. Und bei einem Spaziergang mit meiner Mutter durch die Stadt hat sie es mir gezeigt. Aber dass Eleonore das Gebäude dann übernahm, war mir lange nicht klar."

In „Der Zorn der Eleonore Batthyány" wandert Johanna Orsini-Rosenberg alias Eleonore Batthyány-Strattmann im zartlilafarbenen, taillierten Kleid (von Kostümbildnerin Clarisse Praun-Maylunas) eine Stunde lang in den ehemaligen Räumlichkeiten des Prinzen auf und ab. „Was immer geschieht", erklärt

sie, „heute noch werden Sie die Größe haben, mir Rede und Antwort zu stehen! Über jene Frage, die seit Jahren in mir wohnte und doch nur als ein Blick, ein Hauch, ein Seufzen auf sich aufmerksam machte."

Doch zunächst ist sie verärgert. Immerhin habe sie ihn, Eugen, auf die Intrige aufmerksam gemacht. Und dann werde sie von der Unterredung mit dem Kaiser ausgeschlossen. Dabei stehe sie seit 27 Jahren treu an der Seite des Prinzen. An Eugen gewandt, erzählt sie den Zuschauern vom ersten persönlichen Gespräch während einer Jagdgesellschaft am Anninger: „Wir beide separiert von den anderen. Ihr flehentlicher Blick, Ihr konfuses Gestammel. Und dann der grandiose Satz. ,Ich schätze Ihre Gesellschaft, Gräfin.' Was für eine Entäußerung! Was für ein Ausbruch an Leidenschaft! Mein Herz rast, ich warte auf die Folgesätze […]. Und die Sätze kamen: ,Was für ein dichter Wald.' Und: ,Die Bäume stehen zu dicht. Finden Sie nicht auch?' Fand ich auch. Aber was ich suchte, fand ich nicht. Einen Galan, der mir die Hand reicht, um vom Pferd zu steigen. Mich zu lagern …"

Das sollte später dann doch passieren – zumindest in Erwin Riess' Version der Geschichte. Im Oktober 1706 sei Prinz Eugen etwa nach der Schlacht von Turin direkt zu ihr gekommen: „In voller Montur liegen Sie auf meinem Bett. […] Sie trinken in dieser Nacht zwei Flaschen Wein. Und Sie reden von Mitternacht bis zum Läuten der Morgenmesse. Dann schlüpfen Sie zu mir unter die Decke. Erst Stunden später schlafen Sie ein. Das rechne ich

Ihnen heute noch hoch an. Manchmal, wenn Männer zum Äußersten getrieben werden, kann man sich mit ihnen auf gleicher Ebene verständigen."

Es sind Eleonores Erinnerungen, ihre Sehnsüchte und Sorgen, dazu ihre Verärgerung über den Kaiser, die in dem Monolog präsentiert werden. Es ist ein Wechselbad der Gefühle, eine Vermischung von Realität und Fiktion. Es ist die Studie einer starken Frau in einer patriarchalen Gesellschaft.

DREI JAHRHUNDERTE

Im Theaterstück erfährt man es nicht, aber eines ist sicher: Dank Eleonores Hilfe konnte Prinz Eugen seine herausragende Position am Hof behalten. Dafür blieb er ihr sein Leben lang gewogen. Und sie spielten weiter allabendlich ihr Kartenspiel. Auch als der Prinz schon recht betagt war.

Wenn er Eleonores Palais dann gegen zehn Uhr wieder verließ, erklomm er seinen Wagen – und schlief auf der Stelle ein. Dabei war er nicht allein: Sein ebenfalls betagter Kutscher, auch schon müde, ließ das Pferd von selbst den Weg nach Hause finden, und der Kammerdiener schnarchte hinten auf dem Wagen im Stehen. Wenn die Wiener das Gefährt vorbeifahren sahen, flüsterten sie: „Pst, leise! Da schlafen fast drei Jahrhunderte!"

PALAIS MOLLARD-CLARY, HERRENGASSE 9

DIE FÜCHSIN

Am Neuen Markt, nur unweit der Herrengasse, liegt die Kapuzinerkirche. Direkt darunter befindet sich die Kaisergruft, in der die Habsburger ihre letzte Ruhestätte fanden. (Laut Pater Cölestin Wolfsgruber erlebte die Kaisergruft übrigens zwischen Mai und September 1873 ihren regsten Besuch. Nicht weniger als 400 bis 500 Menschen weilten damals kurzzeitig unter den Toten.)

Maria Karolina Fuchs-Mollard stammt, wie am Namen leicht erkennbar, nicht aus der Familie Habsburg-Lothringen. Trotzdem findet der Besucher hier ihre leiblichen Überreste – bis auf ihr Herz. Das wurde ursprünglich in der Familiengruft in der Michaelerkirche verwahrt (und ist mittlerweile verschollen), denn es gehörte zum Brauchtum der Habsburger, Körper, Eingeweide und Herz getrennt voneinander zu bestatten.

Maria Karolina Mollard, genannt Charlotte oder von Maria Theresia oft „meine Füchsin" gerufen, war Erzieherin der Monarchin und ihrer jüngeren Schwester Maria Anna. Auf Fuchs-Mollards Sarg steht: „Zum unsterblichen Angedenken eines wohlwollenden dankbaren Herzens für die edle Erziehung zur Tugend. Ich, Maria Theresia."

Bereits zu Lebzeiten zeigte Maria Theresia ihre Hochachtung für ihre Gouvernante. Sie machte die Gräfin zu einer Oberhofmeisterin und vermachte ihr auch ein Schlössl in Rodaun. Das zweigeschoßige barocke Herrenhaus lag in der Ketzergasse 471. (1901 zog dort der frisch verheiratete Dichter Hugo von Hofmannsthal ein; als seine Ehefrau Gerty – er selbst war zu diesem

Zeitpunkt bereits tot – vor dem Nationalsozialismus nach England fliehen musste, bezog die nationalsozialistische Heimatdichterin Maria Grengg das Schlössl in Wien-Liesing.)

"HINTER JEDEM HABSBURGER EIN MOLLARD"

Bereits das Elternhaus von Maria Karolina hatte sich in unmittelbarer Nähe des Kaiserhofes befunden, in der Herrengasse 9. Das Anwesen an dieser Adresse war im Jahr 1563 in den Besitz der savoyischen Adelsfamilie Mollard übergegangen.

In dieser Zeit hieß es übrigens, dass jeder Habsburger einen Mollard hinter sich habe. So verpflichteten sich gleich alle fünf Söhne des Obersten Stallmeisters Peter von Mollard dem Dienst für Politik und Kaiserhof. Der älteste, Ernst, war einer der engsten Vertrauten am Hof von Kaiser Rudolf II. in Prag. Bruder Hans diente dem Erzherzog und späteren Kaiser Matthias und wurde danach Präsident der Wiener Stadtguardia. Peter Ernst wiederum erhielt (durch das Erbe seiner Frau) die Herrschaft über Gumpendorf vor Wien sowie Rosenburg im Waldviertel.

Trotz der guten Stellung zum Hofe kam die Familie Mollard immer wieder in finanzielle Schwierigkeiten. Das hielt Maria Karolinas Vater, Ferdinand Ernst von Mollard (er war übrigens Vizepräsident der Hofkammer), Mitte des 17. Jahrhunderts aber nicht davon ab, das Stadtpalais zu vergrößern.

Vielleicht geschah der Ausbau aber auch aufgrund des gesellschaftlichen Drucks. Denn nach dem Ende der Türkenbelagerung machten sich viele Adelige daran, in den Vorstädten große Sommerschlösser zu errichten. Wenn Ferdinand Ernst Mollard das schon nicht konnte, dann wollte er wohl zumindest das Stadtpalais ein wenig aufbessern. Jedenfalls beauftragte er den italienischen Architekten Domenico Martinelli mit dem barocken

Um- und Ausbau des Palais und ließ es um ein viertes Geschoß aufstocken.

Schon kurze Zeit später wies das Gebäude Baumängel auf. Die Hauptsenkgrube war zu klein; der Dachstuhl verfault. Der bekannte und beliebte Lucas von Hildebrandt wurde daraufhin beauftragt, die Schäden in Ordnung zu bringen.

1760 gelangte das Palais in den Besitz der Adelsfamilie Clary und Aldringen. Franz Wenzel Graf von Clary und Aldringen, der die Liegenschaft hauptsächlich als Wintersitz nutzte, ließ die Prunkräume erneut umgestalten und unter den Fenstern im ersten Stock zartvergoldete Gitter anbringen.

Wappen des Adelsgeschlechts Mollard.

Bekanntheit erlangte das Palais in dieser Zeit, weil hier regelmäßig die „Tischrunde Josef II." abgehalten wurde – eine illustre Runde Wiener Adeliger, darunter Fürst Orsini-Rosenberg, General Franz Lacy ebenso wie die Fürstinnen Maria Leopoldine Kaunitz, Josefa Clary, Sidonie Kinsky, Eleonore Liechtenstein und Maria Leopoldine Liechtenstein. Wie böse Zungen behaupteten, beruhte der fabelhafte Ruf der Familie Clary mehr auf ihrer schöngeistigen Gesinnung denn auf ihren politischen Aktionen.

Jedenfalls richtete Carl Clary einige Jahre später im zweiten Stock eine der wertvollsten privaten Bibliotheken der Stadt ein.

Im Laufe des 19. Jahrhunderts zog die Adelsfamilie Clary und Aldringen aus und vermietete das Palais erst an die britische Botschaft, danach an die königliche bayrische Gesandtschaft. 1922 wurde das Land Niederösterreich Hausherr des Anwesens und trat es ein Jahr vor dem Millennium an den Bund ab.

ERZIEHUNG UND EINFLUSS

Doch zurück zu Maria Theresias und Maria Karolinas Zeiten, als Kutschen und nicht Autos das Straßenbild dominierten und die Bildung von Mädchen und Knaben noch gänzlich unterschiedlich war.

Maria Karolina Mollard war erstmals bereits als Hofdame von Maria Theresias Tante Erzherzogin Maria Anna an den Hof gekommen. Auch nachdem Maria Anna verheiratet war, blieb Maria Karolina in Wien. 1710 heiratete sie Christoph Ernst Graf Fuchs. Doch nur neun Jahre später war sie Witwe und trat die Rolle als Erzieherin an.

Maria Theresia erhielt die damals für Mädchen übliche Erziehung. Korrektes Verhalten zu Hofe, Kenntnisse in Tanz, Musik und ausgewählten Sprachen (und zwar romanische; nicht die der Kronländer, wie es für Thronfolger üblich gewesen wäre) standen im Vordergrund. Generell wurde Maria Theresia auf ihre Rolle als Regentin nicht explizit vorbereitet.

Dass Maria Theresia als Frau überhaupt das Hause Habsburg übernehmen konnte, ist der Pragmatischen Sanktion zu verdanken, die ihr Vater, Karl VI., 1713, also vier Jahre vor ihrer Geburt, erlassen hatte. Diese Sanktion hält erstmals die Untrennbarkeit und Unteilbarkeit aller habsburgischen Erbkönigreiche und Länder fest. Weiters waren danach nicht nur die Söhne, sondern auch die Töchter erbfolgeberechtigt. (Streng genommen war Maria

Theresia übrigens nie Kaiserin; sie war regierende Erzherzogin und Königin von u. a. Ungarn oder Kroatien. Kaiser oder Kaiserin von Österreich im Hause Habsburg gab es erst ab 1804.)

Als Karl VI. 1740 verstarb, konnte also seine älteste Tochter in seine Fußstapfen treten. Vorbereitet war sie auf diese Aufgabe wie erwähnt nicht wirklich. Statt ihr eine entsprechende Ausbildung zuteil werden zu lassen, wurde lieber ein Gatte für sie gesucht, der den Part als Regent einnehmen sollte.

Bildnis Maria Theresias in jungen Jahren.

Es ist nicht zuletzt Maria Karolina Fuchs-Mollard zu verdanken, dass Franz Stephan von Lothringen dieser Gatte wurde. Die Füchsin schätzte Stephan sehr und legte ein gutes Wort für ihn bei ihrem Schützling ein. Und so konnte am 12. Februar 1736 die Hochzeit der Monarchin in der Augustinerkirche stattfinden.

Obwohl Franz Stephan seine Gemahlin durchaus schätzte, hatte er – wie damals nicht ungewöhnlich – immer wieder Affären. Zum Beispiel mit der Gräfin Palffy, Hofdame Maria Theresias, oder mit der Frau des Vizekanzlers, Gräfin Colloredo, aber auch mit der Tochter seines ehemaligen Erziehers, Fürstin Maria Wilhelmina von Auersperg. Affäre hin, Geliebte her – in einem Aspekt war das Regentenpaar geeint, nämlich in ihrer Zuneigung zu Maria Karolina Fuchs-Mollard, der früheren Erzieherin Maria Theresias. Immer wieder holten sich beide Rat bei der Gouvernante.

Das gute Verhältnis zwischen Maria Theresia und ihrer Erzieherin sprach sich im Laufe der Jahre herum. Und es dauerte nicht lange, bis andere es für ihre Zwecke zu nützen wussten.

Leopold Daun, einer der bedeutendsten Feldherren und Reformer in dieser Zeit, heiratete 1745 die verwitwete Maria Josefa Gräfin Nostitz, die niemand Geringerer war als die Tochter der Füchsin. Damit – so wurde hinter vorgehaltener Hand und mit hochgezogenen Augenbrauen getratscht – sicherte sich der Feldherr die besten Kontakte zum Zentrum der Macht.

Dass das Verhältnis zwischen der Daun'schen Familie und dem Kaiserhof tatsächlich äußerst gut war, zeigte sich nur ein paar Jahre später. 1751 erhielt Feldmarschall Daun von Maria Theresia den Auftrag für die Theresianische Militärakademie zu Wiener Neustadt mit den Worten: „Mach' er mir tüchtige Offiziere und rechtschaffene Männer daraus." Bereits kurz nach der Eröffnung inspizierte Maria Theresia mit ihrem Mann das Areal und nahm anschließend ein Mahl in der Dienstwohnung Dauns ein. Heute ist die Theresianische Militärakademie übrigens die älteste aktive, durchgängig der Offiziersausbildung gewidmete Militärakademie der Welt.

PALAIS MODENA, HERRENGASSE 7

DIE SCHWIEGERMUTTER DES KAISERS

Am 2. Jänner 1808 fuhr Fürst Ferdinand Trauttmansdorff vor dem Palais der Familie Este vor. Er wollte um die Hand von Maria Ludovika anhalten. Aber nicht für sich selbst, sondern für seinen Vorgesetzten und Vertrauten Franz I., den Kaiser von Österreich.

Maria Beatrix hätte für ihre Tochter keinen besseren Partner finden können: Kaiser Franz I. war ein Jahr zuvor, im Alter von 39 Jahren, zum zweiten Mal Witwer geworden. Während einiger Besuche bei seiner Tante Maria Beatrix wurde er auf deren Tochter aufmerksam, und so wuchs eine zärtliche Beziehung zwischen den beiden. Maria Ludovika (die zu diesem Zeitpunkt eigentlich noch Luigia hieß; eingedeutscht wurde ihr Name erst mit der Hochzeit) war zu diesem Zeitpunkt erst 19 Jahre alt. Doch der Altersunterschied schien die Cousine nicht zu stören.

Maria Ludovika, dritte Gattin von Kaiser Franz I.

Marie-Louise, Tochter von Kaiser Franz I. und zweite Ehefrau Napoleons.

Und so konnte Fürst Trauttmansdorff am 2. Jänner 1808 mit positiven Neuigkeiten von Maria Ludovika zu seinem Kaiser zurückkehren. Vier Tage später fand die Hochzeit statt.

Auf diesem Weg erhielt Marie-Louise, die Tochter des Kaisers, eine neue Stiefmutter, die nur vier Jahre älter war als sie selbst. Doch Marie-Louise hatte Ludovika bereits einige Zeit davor ihr vollstes Vertrauen geschenkt. Getrieben von dem Wunsch, sich mit einer Gleichaltrigen austauschen zu können, hatte sie seit Ludovikas Ankunft in Wien 1803 immer wieder ihre Nähe gesucht.

Unbewusst hatte sie an der Brautwerbung teilgenommen: Ohne den Hintergedanken des Vaters zu ahnen, hatte sie ihrer Freundin einen Geburtstagskorb, der ein Spitzenkleid, einen Blumenstrauß und einen persönlichen Brief des Kaisers enthielt, überreicht.

Doch während Marie-Louise gegen die Hochzeit ihres Vaters mit der gleichaltrigen Freundin nichts einzuwenden hatte, würde Maria Ludovika die Heirat von Marie-Louise Jahre später gar nicht gutheißen. Denn: Marie-Louise wurde die Gattin von Ludovikas Erzfeind, Napoleon Bonaparte.

Ihre Abneigung gegen Napoleon war auch der Grund, weshalb sich die Wiener für die neue Kaiserin nicht recht erwärmen konnten – obwohl sie ob ihres hellen Geistes, ihrer Schönheit und ihrer liebenswürdigen Art als reizendste Dame am Wiener Hofe galt.

Neben der antifranzösischen Haltung spielte noch die Tatsache eine Rolle, dass Franz nach dem Tod von Maria Theresia von Bourbon-Neapel so schnell eine neue Frau gefunden hatte.

Trotz des großen Altersunterschieds sollte Kaiser Franz auch seine dritte Ehefrau überleben. Ludovika starb bereits 1816 an einem Lungenleiden.

ANGEMESSENER WOHNORT GESUCHT

Nach der Hochzeit zwischen Ludovika und Franz I. änderte sich nicht nur für die neue Kaiserin der Wohnort. Auch für die frischgebackene Schwiegermutter des Kaisers geziemte sich kein ganzjähriges Wohnen in einem Gartenpalais in der Vorstadt (nachdem das Stadtpalais am Minoritenplatz verkauft worden war,

Maria Beatrix, die Schwiegermutter von Kaiser Franz I.

hatte Maria Beatrix zu diesem Zeitpunkt keine andere Besitzung in Wien). Es brauchte eine gewisse Nähe zum Hofe. Was bot sich in diesem Fall also besser an als ein Palais in der Herrengasse, auf der Straße zur Macht?

1811 erwarb Maria Beatrix Riccarda, Herzogin von Massa und Carrara sowie Erzherzogin von Österreich, von der Familie Dietrichstein um 184.000 Gulden (umgerechnet etwa 2,5 Millionen Euro) das Palais auf Nummer 7. Die drei Jahrhunderte davor hatte sich die Liegenschaft, die ursprünglich aus zwei Parzellen bestand, im Besitz der Familie Dietrichstein befunden. Im Laufe der Jahre wurde das Gebäude mehrmals vergrößert – im Inneren soll es reich ausgestaltet gewesen sein; nach außen hin war es jedoch schlicht.

Der damals 30-jährige Architekt Alois Pichl wurde beauftragt, das neue Domizil gemeinsam mit Baumeister Franz Wipplinger klassizistisch zu adaptieren. Alois Pichl, Sohn von Wenzel Pichl, der Musikdirektor am Hofe von Ferdinand und Maria Beatrix gewesen war, hatte bereits die Pläne für den Umbau des Gartenpalais in der Landstraße gezeichnet. Auch in die Wahl des neuen Stadtpalais war er miteinbezogen worden.

Auch Giacomo Quarenghi, der Architekt der Zarin Katharina, dürfte an den Arbeiten mitgewirkt haben. In Briefen wies Ferdinand, der Sohn von Maria Beatrix, seine Mutter auf die geringe Erfahrung des vierzig Jahre jüngeren Pichls (im Vergleich zu Quarenghi) hin. Maria Beatrix gab Pichl aber trotz seines geringen Alters die Hauptverantwortung für das Bauprojekt.

Da die Grundmauern gleich bleiben sollten, hatten Baumeister und Architekt nicht allzu viel Spielraum. Trotzdem konnten sie die Fassade mittels dekorativer Verzierungen optisch verbessern; so verpassten sie dem Gebäude ein Gesismband, Fensterverdachungen und Balkone.

Erzherzogin Maria Beatrix prägte nicht nur das Erscheinungsbild ihrer Garten- und Stadtpalais, auch andere Gebäude gestaltete sie im Stil des Wiener Klassizismus. Neben dem Architekten Alois Pichl förderte sie den italienischen Bildhauer Giuseppe Pisani. Dieser gestaltete für sie die Grabmäler ihrer Kinder sowie einer Schwägerin und schuf außerdem ein Denkmal, das Maria Beatrix als Göttin Juno darstellte, die Göttin von Geburt, Ehe und Fürsorge. Eine Figur, die sich für die Schwiegermutter des Kaisers durchaus geziemte.

FLUCHT VOR NAPOLEON

Der Weg von ihrem Heimatland Italien mitten ins Herz von Wien war für Maria Beatrix ein weiter gewesen.

Als Erbin von vier Herzogtümern (Modena und Reggio von ihrem Vater, Massa und Carrara von ihrer Mutter) war sie eine beliebte Partie auf dem Heiratsmarkt des europäischen Hochadels. Herrscherin Maria Theresia hatte deshalb schon früh eines ihrer Kinder, Erzherzog Ferdinand Karl, für diese Adelige ins Auge gefasst.

Maria Beatrix galt als klug. Eine Schönheit war sie jedoch nicht. Das hat der Kaiserin wohl zu schaffen gemacht. Um ihren Sohn so rasch wie möglich an seine Zukünftige zu gewöhnen, soll sie in seinem Zimmer ein besonders unattraktives Bildnis von Maria Beatrix aufgehängt haben, wie sie der Erzherzogin später in einem Brief beichtete.

Das Bildnis dürfte Wirkung gezeigt haben – oder sollte sich Ferdinand Karl gar in den Charakter der Frau verliebt haben? Am 15. Oktober 1771 fand jedenfalls die Hochzeit zwischen der Italienerin und Erzherzog Karl Ferdinand statt.

Auch der Komponist Johann Georg Leopold Mozart war an diesem Tag im Mailänder Dom anwesend; und so wie alle anderen hatte auch er die Diskussion um das Aussehen der Braut mitbekommen. An seine Frau in Salzburg schrieb Mozart ein paar Tage später: „Der Erzherzog und seine Frau befinden sich wohl und sehr vergnügt, welches Seiner Majestät der Kaiserin eine besondere Freude sein wird, weil man besorgt war, dass er an Seiner Braut wenig Vergnügen haben werde, indem sie nicht schön ist. Sie ist aber ungemein freundlich, angenehm und tugendhaft, folglich von jedermann geliebt und hat den Erzherzog sehr eingenommen, denn sie hat das beste Herz und die angenehmste Art von der Welt."

Obwohl die Ehe aus politischen Gründen in die Wege geleitet worden war, waren die Partner glücklich miteinander. Die großteils negativen Beurteilungen, etwa dass Ferdinand faul oder unbedeutend sei, schienen Maria Beatrix nicht gestört zu haben.

Die beiden zogen nach Mailand. Ferdinand Karl wurde Statthalter der Lombardei und von seiner Frau in dieser Tätigkeit unterstützt. Obwohl er nicht sehr viel Handlungsspielraum hatte (dafür sorgte sein Bruder Joseph II., der älteste Sohn Maria Theresias), schätzte die Bevölkerung die beiden.

Doch das Glück war nicht von Dauer. Als Napoleon 1796 in Italien einmarschierte, wurden sie zur Flucht gezwungen. Über Triest und Brünn kam Maria Beatrix zuerst in einem Kloster in Wiener Neustadt unter. Schlussendlich landete sie in Wien. Anfangs weilte sie im Palais Dietrichstein am Minoritenplatz 3. Nach dem Tod ihres Mannes erwarb sie 1806 das Palais in der Landstraße für den Sommer. Und 1811 begann sie mit dem bereits angesprochenen Umbau im Palais in der Herrengasse.

Napoleon in Italien.

Dieses Palais sollte aber nicht lange in der Hand ihrer Familie bleiben. Im Zuge des Wiener Kongresses wurden die italienischen Besitzungen der Familie restituiert. Sie wurde wieder Herzogin von Massa und Carrara, ihr ältester Sohn Franz, nun Herzog Francesco IV., übernahm die Ländereien seines verstorbenen Vaters, Modena und Reggio. Während Maria Beatrix in ihrem Palais in Wien blieb und ihre Besitzungen von dort aus regelte (wo sie 1829 verstarb), kehrte Francesco nach Modena zurück. 1842 fiel das Palais in den Besitz des Staates.

DIE HERRENGASSE ALS ARBEITSSTÄTTE

Arbeite klug, nicht hart.

Dr. Gregory House, US-Serienfigur

HERRENGASSE 10

ROSEN, TULPEN, NELKEN ...

„Blumen Matern", stolz und bestimmt leuchten die bronzefarbenen Lettern dem Passanten entgegen und erinnern auch Jahre nach ihrem Ableben an die gleichnamige Besitzerin. Die Blumenhandlung zwischen Steigenberger Hotel und Hochhaus ist eines der wenigen Geschäftslokale in der Herrengasse, das die vergangenen hundert Jahre beinahe unverändert überdauert hat.

An die alte Chefin kann sich Floristin Gertrude Urban noch gut erinnern. Schließlich arbeitet Urban seit ihrem 15. Lebensjahr, also seit Jänner 1946, in der Blumenhandlung.

Mit gekonntem Handgriff arrangiert Gertrude Urban an diesem Samstagvormittag gelbe Nelken mit grünen Blättern und roten Beeren zu einem schlanken Strauß. Der Mann, der diesen Strauß in Auftrag gegeben hat, ist ihr fünfter Kunde an diesem Tag. Das Geschäft läuft heute gut – kein Vergleich zu ihrer Anfangszeit nach dem Krieg. Damals, als sie und ihre Arbeitskolleginnen Stofffetzen in ihre Holzschuhe nagelten, weil sie sonst nichts zum Gehen hatten.

„Aber die Reichen waren doch genauso arm wie wir", sagt Gertrude Urban, nachdem der Kunde mit dem Nelkensträußchen das Geschäft wieder verlassen hat. „Die mussten auch mit dem Gewand ins Bett gehen, um nicht zu frieren." Selbst im Palais Kinsky sollen die Kachelöfen eiskalt gewesen sein. Nur wenn Besuch kam, wurden in einem der Zimmer die Filzvorhänge zugezogen (damit sich die Wärme lang halten konnte), und es wurde eingeheizt.

In der ersten Zeit nach dem Krieg waren die Auslagenscheiben der Blumenhandlung Matern noch mit Nägeln und Sperrplatten vernagelt. „Kurz vor Kriegsende ist ins Palais Harrach eine Bombe reingeflogen", sagt Gertrude Urban. „Dadurch wurden unsere Scheiben zerstört. Wir hatten dann nichts außer einem kleinen Guckloch. Aber", fährt sie fort, „es gab ja trotzdem Aufträge. Also haben wir angefangen, Blumen aus Krepppapier zu fertigen, und richtiges Grün dazwischen gegeben, damit es echter aussah."

Als es wieder Blumen gab, war die Beschaffung äußerst beschwerlich. Um sieben Uhr morgens trafen sich die Matern-Mitarbeiter auf der Philadelphiabrücke und gingen zu Fuß zu den diversen Gärtnern. Ab und an konnten sie ein paar Stationen mit der Straßenbahn fahren. Doch dann musste die Tramway wieder stoppen, weil in der Erde ein Bombentrichter war. Bis Mittag schafften sie es aber meist zu den Glashäusern. Nach Alterlaa oder zu den Dornbacher Blumengärtnern, die sie mit Rosen versorgten.

Die Eingangstür klingelt erneut. Ein junger Mann verlangt eine rote Rose. Nachdem er das Geschäft wieder verlassen hat, fährt Gertrude Urban fort: „Langsam wurden die Zeiten dann wieder besser – und alle kamen sie." Der Fürst Metternich zum Beispiel. Beim Fürst Schwarzenberg wiederum schnitten sie für die Hochzeit Myrten im Glashaus hinter dem Schloss. Im Palais Schönborn in der Renngasse hatten sie ebenfalls zu tun. Zwischendurch kam die Gräfin mit ihren zwei exotischen Hunden vorbei und sagte: „Mädels, ihr habt goldene Hände."

Auch die Fürstin Liechtenstein aus dem Palais Wilczek war ein regelmäßiger Gast. Leger gekleidet in kariertem Rock und blauem Blazer betrat sie eines Tages die Blumenhandlung. Hinter ihr der Chauffeur, der einen silbernen Kaschpo trug. Einen schweren Übertopf mit Henkel aus der Jugendstilzeit; einen Topf, in den man ein Hasenstallgitter geben musste, um Blumen arrangieren zu können.

Diesen Topf stellte der Chauffeur auf den Tresen.

„Mädels, was machen wir?", fragte die Fürstin, setzte sich auf den marmornen Ladentisch und ließ ihre Beine baumeln. Sie habe ein Jagdessen, bei dem auch die Prinzen aus den Niederlanden und aus England anwesend sein würden.

„Hoheit", erwiderte Gertrude Urban, „Sie sollten da heruntergehen. Da bekommt man eine Blasenentzündung."

Darauf lachte die Fürstin nur und meinte: „Ach, ich bin unterisch doch gut ausgepolstert!"

Das Arrangement sollte nicht zu lieblich sein, eher männlich. Also pilgerten die Mädchen zum ehemaligen Delikatessengeschäft Wild am Neuen Markt. „Dort wo die Hohen Herrschaften zu dieser Zeit ihre Hendln, Gänse oder Puten besorgten", erklärt Urban. Beim Wild fragten sie, ob sie nicht ein paar braune Federn von Fasanen haben dürften.

Sie durften.

Dazu kauften sie gelbe, grüne und blaue Weintrauben sowie eine gelbe Hängerosenart.

Voilà, fertig war das Jagdgedeck. „Als die Fürstin das Gesteck abholen kam, war sie begeistert", sagt Urban. Und Blasenentzündung hatte sie auch keine bekommen.

Nicht selten dauerte ihr Arbeitstag bis zehn oder elf Uhr abends. Beschwert hat sich aber nie jemand. Die Arbeit musste nun einmal fertig werden. Und in weniger turbulenten Zeiten ließ sie die Chefin wieder früher nach Hause gehen. Oder sie lud die Mädchen zum Heurigen ein und schenkte einer jeden eine Blume mit einem Golddukaten.

Die Chefin hieß mit Vornamen übrigens Stephanie. „Mit PH. Wie die belgische Frau von Kronprinz Rudolf", erläutert Urban. Apropos. Als Kronprinz Rudolf 1889 starb, bekam die Blu-

Kronprinzessin Stephanie, Gattin von Kronprinz Rudolf.

menhandlung Matern von Prinzessin Stephanie den Auftrag, einen Veilchenkranz für den Sarg zu machen. Das war viel Arbeit, denn: „Dreißig Veilchen ergeben erst ein knopfgroßes Büschel."

Der Veilchenkranz war nicht das einzige außergewöhnliche Grabgesteck. Gertrude Urban erinnert sich auch an ein großes weißes Hufeisen mit roten Blumen anstelle der Nägel für einen Rittmeister der Spanischen Hofreitschule.

Oder die weißen Chrysanthemen für den Präsidenten Meinl, der in einer weißen Marmorgruft auf dem Dornbacher Friedhof begraben ist.

Schräg gegenüber auf dem Friedhof liegt übrigens der k. u. k. Hofzuckerbäcker Demel. Für dessen Grab banden die Floristen bei Matern immer wieder Efeukränze. Meistens wurde gleich ein zweiter mitbestellt, den der Demel-Nachfahre auf das nahegelegene Grab von Anna Sacher legte. Mittlerweile hat die Natur diese Aufgabe beim Sacher-Grab übernommen: Efeu rankt sich über das ganze Grab.

Abseits von Begräbnissen wurden bei Matern auch viele Blumensträuße gefertigt. Jeden Montag lieferten sie einen neuen Strauß in die Zimmer der Direktoren verschiedener Banken.

SCHAUSPIELENDE STAMMKUNDEN

Und dann gab es natürlich die Schauspieler aus dem Hochhaus nebenan.

„Curd Jürgens, zum Beispiel", sagt Gertrude Urban. „Der hatte Charme. Und stechend blaue Augen. Der deutsche Kleiderschrank wurde er auch genannt, wegen der großen Statur. Aber immer war er lieb und freundlich."

Eines Tages schaute er wieder einmal in der Blumenhandlung herein. „Maternderle", rief er an Stephanie Matern gerichtet. „Maternderle, kannst du hundert rote Rosen an Rosa Albach-Retty schicken?" Das war anlässlich ihres hundertsten Geburtstags.

(Rosa Albach-Retty war Schauspielerin und die Großmutter von Romy Schneider. Zeitungsberichten zufolge hatte Curd Jürgens mit Romy Schneider eine kurze Affäre. Das enthüllte Curd Jürgens Nachlassverwalter Gunter Fette anlässlich Jürgens dreißigsten Todestages 2012. Er war 42, sie 19. Sie trafen sich an der Côte d'Azur, als Jürgens gerade seine dritte Ehe hinter sich gebracht hatte. Aber schon bald wurde Romy Schneider zu fordernd, heißt es: Jürgens dürfe keine andere Frau mehr treffen, solle weniger rauchen und trinken. Die Liaison hielt angeblich nur zwei Wochen.)

In der Blumenhandlung Matern war Curd Jürgens jedenfalls schon wieder am Gehen. „Maternderle, ich hab's jetzt eilig. Schick mir die Rechnung in die Burg."

Heuer feiert Gertrude Urban ihr 70-jähriges Dienstjubiläum. Vor rund 25 Jahren übergab sie das Geschäft ihrer Tochter Annemarie Urban-Ludat. Um sich weiter behaupten zu können, ist viel Einsatz notwendig. „Und Arbeit, Arbeit und nochmal Arbeit", sagt Gertrude Urban.

Gertrude Urban selbst steht immer noch jeden Samstag im Geschäft. Eine Leidenschaft lässt einen nicht so einfach los.

HERRENGASSE 1–3 UND HERRENGASSE 17

DAS GESCHÄFT MIT DEM GELD

Als erster Gouverneur der k. k. privilegierten Nationalbank hatte es Carl Graf Dietrichstein nicht weit zu seiner Arbeit.

Dietrichstein – ein Nachfahre des alten Adelsgeschlechts, das seinen Namen von der Burg „Dietrichs Stein" erhielt, die der Vorfahre Dietrich von Zeltschach in Kärnten erbaute – wurde 1764 im Palais Herberstein in der Herrengasse (heute 1–3, damals noch nur 1) geboren. Das Areal hatte sich seit Mitte des 17. Jahrhunderts im Besitz der Familie Dietrichstein befunden. Zumindest jener Teil, der an die Herrengasse grenzt. Jenen Teil des Grundstücks in der Schauflergasse konnte Graf Dietrichstein erst Jahre später in seinen Besitz bringen.

Dietrichstein hatte als Landeshauptmann in Mähren sowie als Landmarschall von Niederösterreich Karriere gemacht. 1797 wurde er sogar zum Ehrenbürger ernannt, da er sich des Freiwilligen-Aufgebots besonders verdient gemacht hatte. 10.000 haben sich damals in Wien gemeldet, um den Kaiser im Kampf gegen Frankreich zu unterstützen. Und der Kaiser erwartete, „dass die biederen Einwohner Wiens nicht weniger Mut und Treue beweisen würden als ihre ruhmvollen Voreltern."

Im Alter von 52 Jahren bekam der Adelige nun jedenfalls eine weitere ehrenvolle Aufgabe, nämlich den Posten des ersten Gouverneurs der Nationalbank, angeboten. Die Bank konnte 1816 gegründet werden, nachdem Kaiser Franz I. das Bank- und das Finanzpatent unterzeichnet hatte. Damit bekam die k. u. k. Nati-

Das Palais Ferstel als Bankgebäude.

onalbank das alleinige Recht, Papiergeld auszugeben, was wiederum die Staatsfinanzen, die durch die napoleonischen Kriege zerrüttet worden waren, stabilisieren sollte.

Zunächst war die Institution – die zu den ältesten Notenbanken der Welt zählt – in der Singerstraße 17–19 untergebracht, doch bereits drei Jahre später wurde ein neues Quartier gesucht, ein eigens für diesen Zweck errichtetes Gebäude. Also wurden die zwei hintereinander liegenden Häuser in der Herrengasse bzw. Bankgasse mit der heutigen Adresse Herrengasse 17 gekauft und niedergerissen.

Der klassizistische Bau wurde von Rafael von Riegel nach den Plänen des französischen Architekten Jean Charles Alexandre de Moreau errichtet. Der Franzose, der etwa den Entwurf für das Rundmausoleum in Rom oder das Theater Comédie-Française in Paris gezeichnet hatte, war wegen Fürst Nikolaus II. Esterházy nach Wien gekommen. Er hatte ihn in Paris kennengelernt.

Am 25. Juli 1821 konnte Franz I. den Grundstein für das erste richtige Nationalbankgebäude legen. Zwei Jahre später gab es die Eröffnung. Die Baukosten betrugen eine Million Gulden (umgerechnet wären das heute etwa 13 Millionen Euro). Fünf Prozent davon waren für die künstlerische Gestaltung verwendet worden. Im finalen Bericht der Nationalbank wurde auf Gestaltung und Stil des Gebäudes dann auch extra hingewiesen. Es strahle eine edle Würde aus. Die Innenausstattung war ebenfalls beeindruckend. Das Wasserpumpwerk, der Lastenaufzug oder auch die unterirdischen Tresoranlagen waren – für die damalige Zeit – auf dem modernsten Stand.

Die wirtschaftliche Expansion zusammen mit der voranschreitenden Industrialisierung bewirkte eine rasche Entwicklung des Geld- und Bankwesens, und schon bald war das Gebäude, das de Moreau konzipiert hatte, zu klein für die Aufgaben der Nationalbank. Und so musste Mitte des 19. Jahrhunderts bereits das Nachbargebäude dazugekauft werden.

Da die Börse zu dieser Zeit ebenfalls auf Quartiersuche war, beschlossen Carl Graf Dietrichstein und sein Pendant bei der Börse – nach Urgenz von Finanzminister Brück – zusammenzuziehen.

Ein geeignetes Grundstück war bald gefunden: Nämlich jenes schräg gegenüber der alten Nationalbank, auf dem sich zu dem Zeitpunkt noch das Palais Abensperg-Traun befand.

Den Auftrag für das neue Gebäude bekam Heinrich Ferstel. Der Architekt hatte quasi über Nacht Bekanntheit erlangt, als er sich 1855 gegen 74 Konkurrenten beim Architektur-Wettbewerb um die Votivkirche durchsetzen konnte. Er bekam nicht nur eine Professorenstelle am Polytechnikum, sondern wurde auch Rektor der Technischen Hochschule. (Kleiner Exkurs für die Leser aus Währing: 1872 rief er mit Edmund Kral den Wiener Cottage-Verein ins Leben, der für das bis dato unverbaute Gebiet Ein- und Zweifamilienhäuser plante. Das Cottageviertel war geboren; ein Grätzel wo Bürger in gesunder frischer Luft leben konnten.)

Aber zurück zu Ferstels Arbeiten in der Herrengasse. Das neue Bank- & Börsengebäude in der Herrengasse 14 stellte eine Mischung aus venezianisch-florentinischer Trecento-Architektur und Werkbaustein dar. Ferstel hatte sich auf einer Italienreise dazu inspirieren lassen. Das Gebäude hob sich stark von den Gründerzeit-Häusern der damaligen Zeit ab und sorgte dadurch – wieder einmal – bei der Wiener Bevölkerung für Aufsehen. (Dort, wo sich heute das Café Central befindet, war früher übrigens die Schalterhalle).

VON PROTZBAUTEN & MÄNNLICHER DRAUFSTOCKUNG

Zu dem Zeitpunkt, als das Palais Ferstel zum Bank- und Börsegebäude wurde, war Josef Carl Dietrichstein nicht mehr im Amt. Er starb 1825 im Alter von 62 Jahren an einem Schlaganfall.

Sein Nachfahre – in der Familie Dietrichstein – Moritz Johann zu Nikolsburg Dietrichstein investierte Zeit und Mühe, den Garten des Familienpalais auf Nummer 1 weiter zu verschönern. Der Ästhet und Hofburgtheaterdirektor komponierte

Das Palais Dietrichstein mit dem „alten" Café Griensteidl.

Lieder, Tänze und Menuette, für die Hofbibliothek erwarb er die Partitur von Mozarts Requiem und machte sich als Direktor verdient. Mit seinem Tod 1864 starb das Geschlecht der Dietrichsteins in der Manneslinie aus, und das Palais ging auf Theresia Gräfin Herberstein (geb. Dietrichstein) über.

1896 wurde das Palais Dietrichstein durch einen neuen Bau von Architekt Carl König ersetzt. Das Café Griensteidl, das sich zu dem Zeitpunkt eigentlich auf der Höhe seiner Berühmtheit befand, musste – sehr zum Missfallen der Stammgäste – schließen. Aber auch bei Nicht-Kaffeehausbesuchern stieß der neue Bau nicht unbedingt auf Begeisterung. Es sei ein „Protzbau, der es der Hofburg gleichtun wollte", wurde kritisiert. Außerdem zerstöre die Kuppel, die auf das Palais gesetzt worden war, die Wirkung der Palastkuppel. „Ein Mann, der sich einen Cavalier nennt und den schönen Namen Graf Herberstein führt" habe „eine der häßlichsten Angelegenheiten" zu verantworten, erzürnte sich damals ein Referent im Gemeinderat.

Knapp vierzig Jahre nach ihrer Errichtung wurde die Kuppel wieder entfernt, aber nur weil das Palais um einen Stock erweitert wurde.

1951 wurde das Gebäude an die Raiffeisen Zentralbank verkauft. Gegen Ende des Jahrtausends ließ die Raiffeisen-Gruppe dann das Gebäude noch einmal umbauen. Karl Langer durfte neuerlich aufstocken. Und erneut krachte die Kritikkeule auf das Gebäude nieder. Markus Landerer von der Initiative Denkmalschutz fand es etwa äußerst problematisch, dass die Stadt Wien im Jahr 2000 dem Palais den Stadterneuerungspreis verlieh. In dem Buch *Stadtbildverluste Wien. Ein Rückblick auf fünf Jahrzehnte* klagte er, dass das Palais nun durch „Teilentkernung und eine dominante Großaufstockung hervorsticht". Jan Tabor versuchte, die Veränderungen in einem Falter-Artikel zu relativieren: „Die Verbesserungen im und am Palais Herberstein am Michaelerplatz sind zahlreich und beachtlich, von außen betrachtet aber nicht besonders auffallend."

2015 wurde das Gebäude vom Holzindustriellen Gerald Schweighofer erworben. Ein Kaufpreis wurde nicht bekannt. Spekulationen zufolge soll das Geschäft 40 Millionen Euro schwer gewesen sein.

PALAIS MODENA, HERRENGASSE 7

RECHT UND REFORM

Recht und Ordnung – oder das, was sich dafür hielt – scheint es in das Palais Modena auf Nummer 7 der Herrengasse zu ziehen. Nicht nur dass das Innenministerium seit 1920 hier seinen Sitz hat. Während des Zweiten Weltkrieges diente es kurzzeitig als Hauptquartier eines deutschen Generals der Ordnungspolizei. Und bereits davor war an der Stelle die oberste Polizei- und Zensurhofstelle untergebracht gewesen.

In dieser Polizei- und Zensurhofstelle hatte um 1870 Anton Le Monnier das Sagen – Wiens erster Polizeipräsident, der trotz einer recht kurzen Amtszeit als „Vater der Polizeireformen" gilt.

Le Monnier schaffte nicht nur das bis dahin übliche Konfidentenwesen ab (Konfidenten, im Volksmund auch „Naderer" genannt, waren Vertrauenspersonen der Polizei aus allen gesellschaftlichen Bereichen), er teilte auch die Polizei in jene Ämter ein, wie es sie heute noch gibt, etwa in das Präsidialbüro, das Zentralinspektorat oder das Inspektorat des Agenteninstituts, das heute Kriminalabteilung heißt.

Darüber hinaus führte Le Monnier einen 24-Stunden-Wechseldienst ein, bei dem Sicherheitsbeamte abwechselnd drei Stunden Außen- und drei Stunden Innendienst hatten. Ebenso ordnete er die Erstellung eines Verbrecheralbums an, das heute Lichtbildsammlung heißt. Darin werden Straftäter bildlich festgehalten, um Personen bei etwaigen weiteren Delikten schneller identifizieren zu können.

Monnier sorgte auch dafür, dass alle Kommissariate, Bahnhofinspektionen und Expositturen durch ein fünfzig Kilometer lar

Le Monnier gewährleistete die Sicherheit bei der Weltausstellung 1873.

ges Telegrafennetz miteinander verbunden waren, und er regelte die Prostitution neu. „Frauenspersonen, die geständiger-, erwiesener- oder notorischermaßen die Unzucht gewerbsmäßig betreiben", wurden dazu verpflichtet, sich zweimal (!) wöchentlich ärztlich untersuchen zu lassen und einen Gesundheitspass anzufertigen.

Es waren Reformen, die längst überfällig gewesen waren. Zwei Jahre zuvor hatte der damalige Verteidigungsminister Graf Taaffe erklärt, dass die in Wien bestehende k. u. k. Militär-Polizeiwache den Anordnungen der Neuzeit nicht mehr entspreche. Es sei eine nicht abzuleugnende Tatsache, dass die Bevölkerung dieses „Wach-Institut" abneige und das Einschreiten eher behindere, denn es unterstütze.

Le Monnier hatte wohl deshalb auch bei seiner Antrittsrede erklärt: „Zur Liebe für die Polizei vermag ich Niemanden zu bewegen, aber daß [sic] an die Stelle des bisherigen Hasses und der Mißachtung Achtung trete, dafür will ich sorgen!"

Um das Ansehen der Polizei zu verbessern (und auch um Korrespondenzen zu sparen und andere Informationen öffentlich zu machen), trat Le Monnier für die Schaffung einer eigenen Polizeizeitung ein. Da er bei der Zeitschrift „Der Wanderer" bereits journalistische Erfahrung gesammelt hatte, bot er sich als redaktioneller Leiter an. Und so erschien ab 1850 die Publikation „§Wien".

Darin wurden etwa die Sicherheitsbehörde als Kitt, der „das Gebäude (das Staatsleben, Anm.) zusammenhält", und die Mitarbeiter als die „charakterfestesten, aber auch gebildetsten Männer" beschrieben. Von seinen Männern verlangte er jedenfalls viel, nämlich ungewöhnliche Geisteskraft, rascheste Auffassungsgabe, Freisinnigkeit gepaart mit innigem Pflichtgefühle, Anständigkeit im Privatleben und urbane Zuvorkommenheit.

EIN KÜHLER KOPF IN DER KRISE

Zum ersten Mal zog der studierte Jurist Le Monnier (damals noch als Hofkanzlist) bereits 1847 ins Palais Modena ein. Fünf Jahre zuvor war das Anwesen von der Familie Este verkauft worden und in Besitz des Staates gelangt. Neben der obersten Polizei- und Zensurhofstelle war ab 1848 auch der Amtssitz des Ministerpräsidenten dort untergebracht.

Anton Le Monnier blieb nur zwei Jahre als Hofkanzlist im Palais – dann zog es ihn quer durch das Reich. Nach Zwischenstopps in Salzburg (wo er zum ersten Polizeidirektor und dann Ehrenbürger ernannt wurde) und Brünn (wo er ebenfalls als Polizeidirektor und auch Regierungsrat tätig war), folgte er schlussendlich 1870 Josef Strobach Freiherr von Kleisberg als Polizeidirektor von Wien nach.

Le Monnier bewies sich dabei als Mann, der auch in Krisensituationen einen ruhigen Kopf bewahren konnte – und den musste er in seiner Laufbahn des Öfteren haben. Etwa bei der Arbeiter-Massendemonstration 1871, bei der er sich äußerst taktvoll verhalten haben soll, oder beim Börsenkrach zwei Jahre später. Ausgelöst durch heftige Spekulationskäufe kam es am 9. Mai 1873 zu einem enormen Kurssturz und in weiterer Folge zu Panikverkäufen an der Wiener Börse. Le Monniers Vermittlerrolle in dieser Krisenzeit wurde im Nachhinein nicht nur von Seinesgleichen gelobt.

Dieser „schwarze Freitag" hatte übrigens auch negative Auswirkungen auf die Besucheranzahl *des* Großereignisses 1873: die Wiener Weltausstellung.

Dabei war für dieses Spektakel keineswegs gespart worden: Die Fläche allein war fünfmal so groß wie jene der Vorgängerausstellung 1867 in Paris. 53.000 Aussteller aus 35 Ländern wurden erwartet. Das Herzstück waren eine 800 Meter lange Maschinenhalle sowie ein Industriepalast mit der größten Kuppel der Welt. Besagte Rotunde (die Brücke über den Donaukanal, die Rasumofskygasse und Wittelsbachstraße verbindet, ist nach ihr benannt) fiel übrigens 1937 einem Großbrand zum Opfer.

Um die Sicherheit während der Leistungsschau zu gewährleisten, stellte Le Monnier eine eigene Polizeiabteilung auf (aus der später das Polizeikommissariat Prater hervorging). Auch die Anzahl der berittenen Polizisten, die davor 66 Mann betragen hatte, wurde verdoppelt.

Doch die Vorbereitungsarbeiten für die Weltausstellung hatten den Wiener Polizeichef ausgelaugt: Bereits im Frühjahr 1873 befiel ihn leichtes Unwohlsein. Wie für Personen mit seiner Verantwortung und seinen Aufgabengebieten nicht überraschend, schonte er sich nicht genügend.

Im Juli wurde Le Monnier von Kaiser Franz Josef zu Wiens erstem Polizeipräsidenten ernannt. Aber zu Lebzeiten würde er diesen Titel offiziell nicht mehr tragen können.

Le Monnier starb zwei Wochen vor Inkrafttreten des kaiserlichen Erlasses. Aus dem Unwohlsein war eine Lungenentzündung geworden, die er sich wohl am Bahnhof Penzing bei der Verabschiedung von Zar Alexander III. zugezogen hatte.

Am 19. Juni 1873 wurde er nach einer Trauerfeier in der Peterskirche am Hundsturmer Friedhof beigesetzt. (Seit dessen Schließung befindet sich seine letzte Ruhestätte auf dem Zentralfriedhof.) Beamte und Presse, ja Wiens Bewohnerschaft im Allgemeinen waren sich einig, dass sie einen der Besten, der je an der Spitze der Polizei gestanden war, verloren hatten. „Ein großer Theil [sic] der Bevölkerung Wiens hegte stets eine gewisse Antipathie gegen die Polizeibehörde und in erster Linie gegen den jeweiligen Präfecten dieses Institutes, dem verewigten Polizei-Präsidenten trugen jedoch alle Schichten der Bevölkerung eine offene Freundlichkeit entgegen und war hierfür die geradezu massenhafte Betheiligung bei der Leichenfeier der sprechende Zeuge", hieß es in der *Wiener Weltausstellungs-Zeitung* vom 21. Juni 1873.

SONDERSTELLUNG FÜR WIEN

Einen Polizeipräsidenten gibt es seit jeher nur in Wien. Die Polizeichefs in den anderen Bundesländern heißen Direktoren.

Vor der großen Polizeireform 2012, bei der aus dem Gewirr von neun Sicherheitsdirektionen, neun Landespolizeikommanden und 14 Bundespolizeidirektionen letztendlich schlanke neun Landespolizeidirektionen wurden, kam die Diskussion auf, ob nicht alle Chefs von nun an Direktoren heißen sollten.

Der damals amtierende Präsident Gerhard Pürstl, dessen Sitz sich nun am Schottenring befindet, nahm es gelassen: „Ich glaube doch, dass sich die Wiener Bevölkerung an die Bezeichnung gewöhnt hat", sagte er 2011 gegenüber der Tageszeitung *Die*

Presse und ergänzte: „Man denke nur an den legendären Polizeipräsidenten Josef Holaubek." (Mit den Worten „I bin's, der Präsident" hatte Josef Holaubek im November 1971 persönlich einen entflohenen Häftling und Geiselnehmer zur Aufgabe überreden können. Der Ausspruch machte ihn über die Grenzen der Stadt hinaus bekannt.)

Pürstl sollte mit seiner Vermutung Recht behalten. Der Titel Polizeipräsident änderte sich 2012 nur geringfügig in Landespolizeipräsident für Wien.

PALAIS MOLLARD-CLARY, HERRENGASSE 9

EIN VIKTORIANER IN VIENNA

Es war ein kalter, klammer Novembermorgen 1855, als sich der Brite Horace Rumbold, 8. Baronet, in der altmodischen Pension „Römischer Kaiser" in der Wiener Innenstadt einquartierte. „Der Ausblick durch das Fenster meines Schlafzimmers über die vom ersten Schneefall jenes Winters knöcheltief im Matsch schwimmende Freyung, hin zur breiten Fassade des Palais Harrach gegenüber, das durch den trüben Nebel gerade noch erkennbar war, wirkte gewiss weder besonders freundlich noch aufmunternd", hielt er in seinen Memoiren *Recollections of a Diplomat* fest. Doch trotz dieses tristen ersten Eindrucks, den Rumbold an diesem Tag von der neuen Stadt bekam, sollte die kommende Zeit in Wien für ihn durchaus unterhaltsam werden.

Rumbold war in Paris privat erzogen worden und 1849 in den diplomatischen Dienst eingeführt worden – Prüfungen waren dafür damals noch nicht notwendig gewesen. Nach Aufenthalten in Turin, Paris, Frankfurt und Stuttgart kam er im November 1855 erstmals nach Wien. Und in der Folge in das Palais Mollard-Clary in der Herrengasse 9, wo zu diesem Zeitpunkt die britische Botschaft untergebracht war. Ein Haus mit „vielen komplizierten Stiegen und Gängen", wie Rumbold es in seinen *Final Recollections* beschrieb.

Nachdem die Adelsfamilie Clary Mitte des 19. Jahrhunderts ausgezogen war, vermietete sie den Bau erst an die britische Botschaft und danach an die königlich-bayerische Gesandtschaft. 1922 wurde das Grundstück vom Land Niederösterreich gekauft, das im Palais ein Landesmuseum errichtete. Während des Zweiten Weltkriegs, am 10. September 1944, wurde es durch einen Bombentreffer schwer beschädigt und nach umfangreichen Bauarbeiten sieben Jahre später wieder eröffnet. Heute wird das Gebäude von der Nationalbibliothek genutzt und beherbergt seit 2005 das Esperantomuseum, das Globenmuseum und die Musiksammlung der Nationalbibliothek.

VON SALON ZU SALON

Doch noch gewöhnte sich Horace Rumbold gerade erst in Wien ein.

Als großer Freund von Johann Strauß (dem Sohn) freute es ihn besonders, dass er seinen ersten Sonntagnachmittag in der Stadt in der Konzerthalle des Volksgartens verbringen konnte. „Ich werde wohl nie die Ovationen vergessen, mit denen Strauß, der einige Monate im Ausland gewesen war, von dem dichten Publikum begrüßt wurde", schreibt Rumbold in seinen Memoiren.

Seine Freizeit verbrachte der Diplomat in den darauffolgenden Wochen und Monaten inmitten der österreichischen Aristokratie – in den berühmten Wiener Salons.

Der angenehmste und unterhaltsamste Salon war – laut Rumbold – jener der Fürstin Hélène Esterházy, einer reichen russischen Witwe. Ihre Tochter aus erster Ehe war verheiratet mit Arthur „Turi" Batthyány, den Rumbold bereits in Baden kennengelernt hatte. „Und hier werden meine Erinnerungen von Traurigkeit zerschmettert", schreibt Rumbold weiter, „Ruin ist dieses Haus mittlerweile überkommen."

Die Salons von Prinzessin Lori Schwarzenberg oder Prinzessin Schönburg (Schwester des bekannten Felix Schwarzenberg) seien – so fährt Rumbold fort – ein wenig seriöser gewesen, der interessanteste aber war laut Rumbold jener von Metternich am Rennweg, in dem man den großen Staatsmann beim Geschichte(n)-Erzählen zuhören konnte.

So war der alte Kanzler Metternich etwa einmal mit dringlichen Papieren zu Kaiser Ferdinand I. – ein Herrscher, der nicht selten als Witzfigur verhöhnt wurde – gekommen, die sofortige kaiserliche Bewilligung erforderten. Als Metternich das Büro des Kaisers betrat, stand dieser gerade am Fenster, den Blick auf den darunterliegenden Innenhof gerichtet. Die Finger des Kaisers klopften unruhig auf das Fenstersims, sein Blick war auf die vorbeifahrenden Kutschen und Passanten gerichtet, aus dem Mund kamen unverständliche, beschwörende Laute. „Majestät", sagte Metternich, „ich bräuchte kurz Ihre Aufmerksamkeit." – „Lassen S' mi aus",

Klemens Wenzel Lothar von Metternich.

erwiderte der Monarch, ohne den Blick von den Kutschen zu wenden. Metternich begann unbeirrt, sein Begehr vorzutragen. „Lassen S' mi aus", wiederholte Kaiser Ferdinand verärgert. Also verstummte Metternich. Nach ein paar Minuten drehte sich der Kaiser mit einem triumphierenden Lächeln um und sagte: „135!"

Der Kaiser hatte mit sich selbst eine Wette abgeschlossen, dass der Fiaker mit ebendieser Nummernplakette innerhalb einer gewissen Zeit vorbeifahren würde. Und – tada – Ferdinand hatte die Wette gewonnen, wie er seinem Kanzler freudestrahlend verkündete.

Im Nachhinein bereute es Rumbold, bei Metternichs Geschichten nie mitgeschrieben zu haben. Sonst hätte er sich wohl noch an einige mehr erinnert …

Besonders fasziniert war der britische Botschafter von der Faschingszeit in Österreich. „Bei uns in England ist es Mode, während der heißesten Jahreszeit Abend für Abend unter dem Vorwand eines Balles die Herrenhäuser scharenweise heimzusuchen. Doch verdienen solche Zusammenkünfte wirklich, Bälle genannt zu werden? Es gibt kaum Platz, die Musik ist schwunglos, und nur wenige Gäste können überhaupt tanzen. In Wien ist das ganz anders!" Denn hier in Wien ging und geht es bei den Bällen um die Sache, um die es eigentlich geht: ums Tanzen.

Generell sah der Brite Wien und die Wiener Gesellschaft jener in London keineswegs unterlegen: „All diese Mitzis, Resis und Tonis – ihr Andenken sei gesegnet! – waren die reizendsten Partnerinnen", meinte Rumbold, und hätten es leicht mit jungen Londoner Ladies aufnehmen können.

Rumbold blieb bei seinem ersten Aufenthalt nur etwas mehr als ein Jahr in Wien. Dann ging es weiter nach Ragusa und schließlich China, wo er Sekretär der Gesandtschaft wurde. (Bis er aufgrund des Zweiten Opiumkriegs, den England gemeinsam mit Frankreich gegen das Kaiserreich China führte, zurückgeholt wurde.)

Daraufhin war Rumbold in verschiedenen europäischen

Städten als Botschafter tätig, bis er schließlich 1896 in dieser Position nach Wien zurückkehrte und diesmal vier Jahre blieb. Besonders wird ihm wohl auch der 3. Juli 1897 in Erinnerung geblieben sein. Damals durfte seine zweite Ehefrau, Lady Louisa Anna Horace Rumbold, den letzten Bolzen in jene 64,75 Meter hohe Radkonstruktion schlagen, die anlässlich der 50. Wiederkehr der Thronbesteigung Kaiser Franz Josefs I. errichtet wurde, dem Riesenrad. Die „gigantic wheels", die zuvor in Chicago, aber auch London gebaut worden waren, hatten als Inspiration gedient.

GEISTERHAFTER TODESSCHREI

Von seinen Tätigkeiten im Palais selbst erzählte Rumbold nicht allzu viel, dafür von den unerklärlichen Begebenheiten in dem alten Gebäude. Um Herrenhäuser oder Schlösser ranken sich ja oftmals Geisterlegenden. Jene rund um das Palais Clary haben sich über viele Jahre hinweg gehalten. Selbst als das Palais im Besitz der Niederösterreichischen Landesregierung war, soll es zu unerklärlichen Vorfällen gekommen sein.

In seinen *Final Recollections* beschrieb Rumbold jedenfalls eine Episode, die ihm von der Fürstin Clary zugetragen worden war: Die Fürstenfamilie war länger abwesend gewesen; das Palais in der Zwischenzeit geschlossen. Bevor die Familie in ihre Wiener Residenz zurückkehrte, wurde die Haushälterin vorausgeschickt, um den Empfang vorzubereiten. Als sie durch das noch unbewohnte Haus ging, hörte sie mit einem Mal Stimmen und Lärm aus einem der Zimmer. Durch eine Milchglastür glaubte sie, Menschen in altmodischer Kleidung zu erblicken. Doch als sie das Zimmer betrat, war dort niemand, und es sah auch nicht so aus, als hätte sich gerade noch jemand dort aufgehalten.

Einer von Rumbolds Vorgängern wusste eine ähnliche

Geschichte zu berichten. Dessen Ehefrau und Tochter seien eines Vormittags – wie üblich – in ihrem langen, schmalen Wohnzimmer gesessen. Die Tochter las aus einem französischen Buch vor, als die Mutter mit einem Mal den Leibjäger ihres Mannes an der Stirnseite des Raumes stehen sah. Sie befahl also der Tochter, dem Mann auszurichten, er solle hinunter zu ihrem Vater gehen. Er brauche ihn sicherlich. Doch als das Mädchen auf ihn zuging, war er auf einmal nicht mehr da. Sie kehrte zur ihrer Mutter zurück. Kaum war sie dort angekommen, sah sie den Leibjäger wieder und schickte sich erneut an, den Raum zu durchqueren.

Dreimal wiederholte sich dieses Schauspiel. Immer mit demselben Ergebnis. Als Fürst Clary mit der Geschichte konfrontiert wurde, erzählte er, dass in dem Wohnzimmer einmal ein Leibjäger ermordet worden sei. Seitdem spuke er in dem Haus herum.

Auch Alfons Clary-Aldringen geht in seinen Memoiren *Geschichten eines alten Österreichers* auf die Spukgeschichten des Palais' ein. Ihm zufolge soll der Spuk der Grund gewesen sein, weshalb der Vertrag der britischen Botschaft nicht verlängert wurde. Die Geister hätten den Engländern zu viel Angst gemacht.

Denn des Nachts soll auf der Pawlatschen (ein eingeglaster, außen am Haus angebrachter Gang) in den zweiten Hof eine Handvoll Menschen zu sehen gewesen sein, die einen Mann packten und hinunterschmissen. Der Todesschrei habe Gouvernanten und Diener so sehr erschreckt, dass sie das Haus fluchtartig verließen.

Alfons Tante Clary-Radziwill, so schreibt er in seinen Memoiren weiter, ließ sich von einer französischen Gouvernante genau schildern, was sie gesehen hatte, und forschte daraufhin in alten Büchern. Dabei fand sie heraus, dass das Haus „vor 1600 im Besitz eines Mädchens war, einer Waisen". Das Mädchen soll eines Tages plötzlich verschwunden sein, und so kam ihr Onkel und Vormund in den Besitz des Palais.

In den 1890er-Jahren wollte Alfons Onkel in einem Zimmer in besagtem zweiten Hof einen Wertheim-Tresor einbauen lassen. Auf der Suche nach einem passenden Platz stießen die Arbeiter auf einen Hohlraum. Sie rissen die Wand auf. Im Hohlraum entdeckten sie das Skelett einer jungen Frau.

Es klingt fast so, als hätte der Vormund wegen seiner schrecklichen Tat, die ihn zum Palais-Besitzer gemacht hat, im Tod keine Ruhe gefunden.

DER APFEL FÄLLT NICHT WEIT...

Auch des Botschafters Sohn, Horace Rumbold, 9. Baronet, war ein britischer Diplomat und hatte als solcher ebenfalls einige Jahre seinen Arbeitsplatz in Wien. Berühmtheit sollte er in den Jahren 1928 bis 1933 als Botschafter in Berlin erlangen. Dort warnte er vor Hitler und dessen Nazi-Regime.

IM KAFFEEHAUS

*Der Kaffee muss schwarz sein
wie der Teufel,
heiß wie die Hölle,
rein wie ein Engel
und süß wie die Liebe.*

CHARLES-MAURICE DE TALLEYRAND-PÉRIGORD,
FRANZÖSISCHER STAATSMANN UND DIPLOMAT

CAFÉ GRIENSTEIDL, HERRENGASSE 1-3

EINE OHRFEIGE IM GRÖSSENWAHN

Der Legende nach haben wir die Kaffeehäuser einem Spion zu verdanken. Nämlich dem Armenier Johannes Theodat. 1685 erhielt er für seine Kurier-Dienste das Privileg, zwanzig Jahre als einziger Händler Kaffee als Getränk zu verkaufen.

Und so eröffnete er in der Rotenturmstraße das erste Kaffeehaus. Doch als er sich dann nach bereits angesprochener Spionageaffäre rund um die Belagerung Belgrads nicht mehr rehabilitieren konnte, übersiedelte er nach Venedig und hinterließ sein Kaffeehaus vier Armeniern.

Wien gilt übrigens heute noch als Welthauptstadt der Spionage. 2015 sollen sich immerhin 8.000 Spione in der österreichischen Hauptstadt aufgehalten haben. In seinem Buch *Schattenstadt* ging der Investigativ-Journalist Emil Bobi der Frage nach, weshalb. Seinen Nachforschungen zufolge liegt das nämlich nicht – wie oftmals behauptet – an der „laxen" Rechtslage oder an der geostrategischen Lage. Laut Bobi ist der Wiener und sein Wesen für die Akkumulation der Geheimdienstler verantwortlich.

Aber wir kommen vom Thema ab.

Obwohl.

Ist nicht das Kaffeehaus der Inbegriff des aufständischen nicht-aufständischen Wieners? Wird nicht im Kaffeehaus von morgens bis abends über die Stadt, die Welt, die Politik gewettert, ohne dass dann etwas dagegen getan würde? Und ist nicht das Café Griensteidl der Prototyp eines Wiener Kaffeehauses, oder besser, eines Literatencafés? Denn wie Friedrich Torberg in der Tante Jolesch warnte, soll man diese beiden Begriffe ja nicht gleichsetzen. Das Literatencafé „stellt nicht einmal in sich einen fest umrissenen Typus dar". Eindeutig sei in der Zeit des Fin de Siècle, des ausgehenden 19. Jahrhunderts, lediglich das „führende Literatencafé" festzustellen gewesen. Bis 1897 (also bis zu seinem Abriss) war das zweifellos das Café Griensteidl.

Das Griensteidl, von dem hier die Rede ist, ist also nicht jenes, das sich heute im Erdgeschoß des Palais Herberstein in der Herrengasse 1–3 befindet. (Denn das Gebäude wurde wie erwähnt erst 1897 von dem Architekten Carl König erbaut.) Das *richtige* Griensteidl befand sich im Vorgängerbau. Damals lag die Liegenschaft noch in den Händen der Adelsfamilie Dietrichstein. 1818 hatte Josef Carl von Dietrichstein, der erste Gouverneur der k.k. privilegierten Nationalbank, das dreigeschoßige Gebäude in Auftrag gegeben. 1847 errichtete der Apotheker Heinrich Griensteidl im Erdgeschoß eben jenes Kaffeehaus, das in den 1890ern zum Tummelplatz von Dichtern und Denkern werden würde.

Eine eigene Apotheke hat Apotheker Griensteidl übrigens nie besessen.

JUNG WIEN VS. IDUNA

Im Café Griensteidl – spöttisch auch „Café Größenwahn" genannt – fanden sie sich also ein. Zuallererst die „Jung-Wien"-Runde mit Arthur Schnitzler, Hugo von Hofmannsthal oder Richard Beer-Hofmann unter der Leitung von Hermann Bahr. Ebenso dann ihre Kontrahenten, die „Iduna", eine Vereinigung konservativer katholischer Schriftsteller, angeführt von Johann Fercher von Steinwand. Ein wenig später folgten jene Gäste, die man heute eigentlich mit dem Café Central verbindet (in das sie nach der Schließung des Griensteidls 1897 nämlich weiterzogen.)

Das waren etwa Karl Kraus, Peter Altenberg, Egon Friedell, Alfred Polgar und Adolf Loos.

Auch Musiker zog es ins Griensteidl: Der Violinist Fritz Kreisler fand sich hier ebenso an den kleinen Marmortischen ein wie der Komponist Arnold Schönberg und der etwas ältere Hugo Wolf.

Hier bewirteten Kellner-Größen wie der k. u. k. Hof-Markeur Franz, der – laut Karl Kraus – auch einem Besucher, der nach zwanzig Jahren wieder einmal vorbeischaute, unaufgefordert seine Lieblingszeitungen in die Hand drückte.

Doch es wurde nicht nur gelesen. Es wurde diskutiert, Billard gespielt, Kaffee getrunken, in die Luft geschaut, die Zeit verplempert.

Die Nachricht über die Schließung nahmen die Stammkunden erwartungsgemäß alles andere als gut auf. Karl Kraus nutzte den Abriss jedoch, um mit den „Jung Wienern" abzurechnen. „Der Demolirarbeiter pocht an die Fensterscheiben – es ist die höchste

Zeit. In Eile werden alle Literaturgeräthe zusammengerafft: Mangel an Talent, verfrühte Abgeklärtheit, Posen, Größenwahn, Vorstadtmädel, Cravatte, Manierirtheit, falsche Dative, Monocle und heimliche Nerven – Alles muß mit. Zögernde Dichter werden sanft hinausgeleitet. Aus dumpfer Ecke geholt, scheuen sie vor dem Tag, dessen Licht sie blendet, vor dem Leben, dessen Fülle sie bedrücken wird", schreibt Kraus in seiner ersten Streitschrift (auf die später *Die Fackel* folgen sollte) *Die demolirte Literatur*.

Die knallige Antwort auf sein Pamphlet erhielt Karl Kraus bei der Abschiedsfeier des Lokals dann gleich persönlich, wie das *Illustrierte Wiener Extrablatt* am Tag nach der Feier verkündete: „Die treuen Stammgäste feierten den Untergang des Locales mit einem großartigen Leichenschmaus. [...] Nach Mitternacht waren sämtliche Vorräthe an Speis und Trank vergriffen und es wurden nur noch Ohrfeigen verabreicht. Sonst war die Stimmung famos."

Auch Arthur Schnitzler hielt das Ereignis in seinem Tagebuch fest. Er schrieb: Felix Salten habe „den kleinen Kraus geohrfeigt, was allseits freudig begrüßt wurde". Offenbar war Salten nicht der einzige gewesen, der mit der „Demolirten Literatur" nicht so ganz einverstanden gewesen war.

Mit einer Frage dürfte Karl Kraus aber nicht ganz alleine gewesen sein: „Wohin steuert nun unsere junge Literatur? Und welches ist ihr künftiges Griensteidl?" (Es wird das Café Central, siehe Folgekapitel.)

Zwar wurde das Café Griensteidl in dem neuen Palais Herberstein wieder eröffnet, aber zu diesem Zeitpunkt waren die Stammkunden bereits ins Central weitergesiedelt, und so musste es 1909 wegen Besuchermangel erneut zusperren.

Erst beim dritten Anlauf klappte es dann wieder: Knapp hundert Jahre nach seiner ersten Schließung wurde das Kaffeehaus noch einmal wiedereröffnet. Ebenso wie das Café Central befindet es sich heute in der ehemaligen Schalterhalle einer Bank. Anstelle von Literaten findet man heute eher Touristen, eine alte Tradition wurde aber dennoch wiederbelebt: Wie zur Zeit der Jahrhundertwende kann in Wissenszweifelfällen nach einem (mittlerweile vielfach adaptierten) Brockhaus verlangt werden, der im Bücherschrank gegenüber dem Eingang verwahrt wird und den der Kellner gerne zum Tisch bringt.

CAFÉ CENTRAL, HERRENGASSE 14

DAS TÄGLICHE QUANTUM CENTRALIN

„Vor ein paar Jahren gehe ich in das renovierte Café Central mit einem Blumenarrangement", erzählt Floristin Gertrude Urban, während sie die Deko-Frösche in der Blumenhandlung Matern (Herrengasse 10) drapiert. „Da saß vorne beim Eingang ein Mann mit Knickerbockerhosen und einem Kapperl. Ich gehe hinein und sage Grüß Gott, wie man das so macht. Der Mann sagte aber nichts und ich dachte mir: Na, der liest Zeitung und kann nicht mal grüßen. Aber als ich ihn das nächste Mal sah, da ist es mir gekommen: Das ist kein echter Mensch. Das ist ja der Altenberg."

Dass Literaten den Großteil des Tages im Kaffeehaus verbrachten, war in der Zeit des Fin de Siècle wie bereits angesprochen keine Seltenheit. In der *Tante Jolesch* schrieb Friedrich Torberg treffend: „In ihrer Wohnung schliefen sie [die Kaffeehausliteraten, Anm.] nur. Ihr wirkliches Zuhause war das Kaffeehaus."

Peter Altenberg schaffte es trotzdem, sich einen besonderen Ruf zu erarbeiten. Wenn Altenberg einmal nicht im Kaffeehaus war, dann war er auf dem Weg dorthin, hieß es. Sogar seine Post soll er sich ins Lokal schicken haben lassen.

Dass dieser Ruf hängen geblieben ist, zeigt sich wohl schon alleine an der Tatsache, dass keinem anderen Kaffeehausliteraten eine Pappmaché-Figur im Eingangsbereich eines Cafés gewidmet ist.

Nach dem Abriss des Café Griensteidls 1897 wurde das Café Central *der* neue Treffpunkt des geistigen Lebens. Besagter Peter

Wie beim Café Griensteidl wurde auch beim Café Central aus der Schalterhalle einer Bank ein Kaffeehaus.

Altenberg und Adolf Loos, Alfred Polgar und Anton Kuh, Arthur Schnitzler und Sigmund Freud oder auch Leo Trotzki saßen hier einsam-gemeinsam beisammen.

Wenn man Alfred Polgars Theorie des *Café Central* Glauben schenken mag, dann pilgerten die Besucher nicht nur aus Lust und Langeweile dorthin, sie *mussten* es einfach besuchen. Denn, so schreibt er: „Der Gast mag vielleicht das Lokal gar nicht und mag die Menschen nicht, die es lärmend besiedeln, aber sein Nervensystem fordert gebieterisch das tägliche Quantum Centralin."

Zu verdanken hatten die geistigen Größen ihr lebensnotwendiges Centralin den Gebrüdern Pach, die das Kaffeehaus 1876 im

Erdgeschoß in der Herrengasse 14, dem ehemaligen Sitz der Wiener Börse, eröffneten. (Es sind übrigens dieselben Gebrüder Pach, die Ende des 19. Jahrhunderts jeweils in den Sommermonaten das Schweizerhaus und in der kalten Jahreszeit die Sofiensäle führten.)

Der heute gängige Ausdruck „Palais Ferstel" für das Gebäude mit der Nummer 14 ist historisch gesehen übrigens inkorrekt, da es nie als Adelssitz gedacht war. Es wurde wie erläutert Mitte des 19. Jahrhunderts als Sitz der Nationalbank und Börse von dem Architekten Heinrich Freiherr von Ferstel im romantisierenden Historismus errichtet.

Peter Altenberg „in seinem Wohnzimmer".

Besonders oft saß Peter Altenberg (übrigens ein Enkel von Maria Valerie und somit ein direkter Nachfahre von Kaiserin Elisabeth) mit Adolf Loos (sein Taufpate und Architekt des Looshauses) zusammen. Oder mit dessen Frau. Oder mit dessen Gefährtin.

Denn Altenberg und Loos schienen sich für den gleichen Typ Frau zu interessieren. Und der war vor allem eines, nämlich jung. Ein Umstand, aus dem Altenberg keinen Hehl machte: „Eine Frau ist immer zu alt, und nie zu jung!", schrieb er in *Fechsung*. „Das Gesetz schreibt uns vor: von vierzehn an! Aber das Gesetz ist nicht von Künstlern entworfen. Unser Geschmack sagt: In jedem Alter, wenn du nur sehr schön bist! Freilich heißt es da wie in der Bibel: ‚Er hatte ein Auge auf sie geworfen!' Aber wirklich nur das Auge, dieses ideale Lustorgan."

ALTENBERG, LOOS UND DIE FRAUEN

Nicht nur im Kaffeehaus, auch im Löwenbräu in der Teinfaltstraße war Altenberg Stammgast. Dort lernte die Schauspielschülerin Lina Obertimpfler ihn und Adolf Loos kennen.

In ihren Memoiren schreibt Lina Loos, dass Peter Altenberg väterlich weise sprach; dass Adolf Loos sie jedoch am meisten faszinierte. Sie hatte kurz vor dem Kennenlernen einen Artikel von ihm in der *Neuen Freien Presse* gelesen und in allen Belangen zugestimmt. Und dann sprach er sie doch tatsächlich persönlich an …

Es ging um eine Zigarettendose, die er aus Russland erhalten hatte. Lina Obertimpfler nahm sie in die Hand und Loos meinte: „Die Dose geht schwer auf, Sie werden sie nicht öffnen können". Mehr brauchte es nicht: Lina Obertimpflers Ehrgeiz war geweckt.

Doch sie war zu energisch und die Dose zerbrach.

Die Röte stieg ihr ins Gesicht. Ihre Schwester blickte sie wütend an. Alle schwiegen.

Da sagte Adolf Loos: „Wollen Sie sich revanchieren?" – „Selbstverständlich gerne!" – „So heiraten Sie mich!"

Im Sommer darauf fand die Trauung statt, in Eisgrub in Mähren, wo ein Onkel von Loos Pfarrer war. Nur ein „Wermutstropfen" mischte sich für Lina Obertimpfler in die Feier: Der Möbelfabrikant Max Schmidt musste kurzfristig als Trauzeuge einspringen, weil der eigentliche Trauzeuge Peter Altenberg nicht dazu gebracht werden konnte, so früh am Morgen aufzustehen.

Die Ehe ging nicht lange gut. Während sie gut war, richtete ihr Loos aber in der heutigen Bösendorferstraße eine Wohnung ein, die noch immer als Ikone der Moderne gilt. Die Einrichtung befindet sich heute im Wien-Museum.

Bereits 1904, zwei Jahre später, kam die Ehe in eine Krise: Lina begann eine Affäre mit dem 19-jährigen Heinz Lang, Sohn von

Frauenrechtlerin Marie Lang. (Für ihren „Wiener Frauenclub" hatte Loos Jahre zuvor die Inneneinrichtung gestaltet.) Doch Heinz Lang hielt die Belastung der Affäre nicht aus. Noch im selben Jahr beging er Selbstmord. Durch die Aussage „Stirb, sie ist eine Göttin", soll Peter Altenberg nicht ganz unschuldig an der Tat gewesen sein. Daraufhin floh Lina kurzzeitig nach Amerika.

Trotz seiner vielen Schwärmereien stellt Lina Peter Altenberg in ihrer Biographie ein vernichtendes Zeugnis aus: „Peter Altenberg gilt als Frauenverehrer. Er war es nicht! Er hat uns gehasst. Er hat uns Frauen gehasst, wie er reiche Leute hasste, die ihren Reichtum nicht zu verwenden wussten. Er, der so viel Schönheit erkannte, verzweifelte an den Frauen, wenn er sie Wertvolles an die untauglichsten Objekte vergeuden sah. An ihm, dem Ewig-Bereiten, sind die Frauen vorbeigegangen, so wurde er gezwungen, in Buchstaben zu gestalten, was Unerlebtes übrigblieb."

Lina war nicht die einzige Frau, die Loos und Altenberg gleichzeitig interessant fanden. Als die beiden 1905 die englische Tänzerin Bessie Bruce im Wiener Casino de Paris sahen, wiederholte sich das Dreiecks-Drama – beide Männer waren von ihr angetan. Die Frau wandte sich aber Loos zu, worauf Altenberg heftige Eifersuchtsszenen lieferte. Trotzdem verbrachten sie den Sommer vor dem Ersten Weltkrieg zu dritt, nämlich am Lido von Venedig.

Bessie blieb viele Jahre Loos' Geliebte – bis bei ihm ein Punkt erreicht war, an dem er ihre Eifersuchtsszenen nicht mehr ertragen konnte. Sie starb einsam und verarmt 1921 an Tuberkulose.

Mit Loos' Frauengeschichten könnte man allein ein Buch füllen, der Vollständigkeit halber sei an dieser Stelle nur kurz erwähnt, dass Loos noch zweimal heiratete. 1919 fand die Hochzeit mit der 30 Jahre jüngeren Tänzerin und ehemaligen Schwarzwald-Schülerin Elsie Altmann statt. Nach neun Jahren – am Ende großteils mühsamer – Beziehung nahm sie ein Engagement in Amerika an und verließ Loos. Den dritten Bund fürs Leben ging Adolf Loos dann mit der Fotografin Clarie Beck ein. Trotzdem setzte er in seinem Testament Elsie Altmann-Loos als seine Alleinerbin ein.

REVOLUTION AUS DEM KAFFEEHAUS

Während Elsie Altmann zu Bekanntheit kam, fiel am 7. September 1917 um 9.45 Uhr ein Schuss aus der Bordkanone des Panzerkreuzers „Aurora" im Hafen von St. Petersburg. Es war das Signal zum Sturm auf das Winterpalais. Der neue Mann an der Spitze des zerrütteten Russlands: Wladimir Iljitsch Lenin. Er rief den ersten sozialistischen Staat der Welt aus.

Als am nächsten Tag die Nachricht von der Oktoberrevolution in Wien verbreitet wurde, stießen die Überbringer der Neuigkeit großteils auf Unglauben. Ein Beamter im Außenministerium soll sogar gesagt haben: „Gehen S'! Wer soll denn in Russland Revolution machen? Vielleicht der Herr Bronstein vom Café Central?"

Ja, genau der.

Denn Lew Dawidowitsch Bronstein war offenbar nicht nur der schachspielende Stammgast, für den ihn die Central-Mitarbeiter und -Besucher jahrelang gehalten hatten. Nach seiner Rückkehr nach Russland machte er als Revolutionär Karriere. Er half bei besagter Oktoberrevolution mit, die die Bolschewiki 1917 an die Macht bringen würde. Er gründete und organisierte die Rote Armee. Sogar eine eigene sowjetische Parteilinie wurde nach ihm benannt. 1927 wurde er entmachtet, zwei Jahre später ins

Exil getrieben und 1940 von einem Agenten in Mexiko mit einem Eispickel ermordet.

Lew Dawidowitsch Bronstein war ab 1902 Leo Trotzki.

Ein Umstand, der nicht wenige zurückgebliebene Stammgäste zum Staunen brachte. In ihrer Autobiographie *Und was für ein Leben …* schreibt die Herrenhof-Stammfrau Gina Kaus: „Vor einigen Monaten hatten die Bolschewiken in Moskau die Macht ergriffen und Trotzki hatte einen Aufruf ‚An Alle' erlassen. Wie durch einen Zauber standen plötzlich alle Menschen entweder rechts oder links. Es war das Ende des unpolitischen Menschen."

Lew Dawidowitsch Bronstein alias Leo Trotzki.

Leo Trotzki war übrigens nicht der einzige Russe, der sich zu dieser Zeit in Wien aufhielt: „Österreich und insbesondere Wien als politisches Exil kam den flüchtigen Revolutionären sehr gelegen. Keine Metropole dieser Zeit lag so nahe an Russland", wird der Historiker und Buchautor Paul Kutos 2007 im *Falter* zitiert.

Iossef Wissarionowitsch Dschugaschwili alias Josef Stalin.

In den ersten Jännertagen 1913 erreichte ein ein wenig verwahrloster 34-jähriger Iossef Wissarionowitsch Dschugaschwili von Krakau kommend den Nordbahnhof. Er humpelte. Die Haare waren ungewaschen. Der Bart konnte die Pockennarben nicht verdecken. Am Tag vor seiner Abreise nach Wien hatte er Lenin wieder einmal im Schach besiegt. Nun stieg er in eine Straßenbahn in Richtung Hietzing. Zur Schönbrunner Schloßstraße 30, wo die russische Adelsfamilie Trojanowski lebte. Das hatte Lenin ihm noch auf einem kleinen Zettel notiert. Ab sofort würde er sich mit seinem gregorianischen Tarnnamen vorstellen: Josef Stalin.

CAFÉ HERRENHOF, HERRENGASSE 10

REMISE FÜR WARTENDE FRAUEN

Während man im Café Central oder im Café Griensteidl heute noch eine Melange bestellen kann, geht das im Café Herrenhof nicht mehr. Am 30. Juni 2006 wurde es endgültig zugesperrt. Sowieso war das 60 Quadratmeter große Lokal, das bis zu dem Zeitpunkt dort existiert hatte, nichts im Vergleich zu jener Institution, die es vor 1938 darstellte.

Jenes Kaffeehaus in der Herrengasse Nummer 10 erlebte in der Zwischenkriegszeit seine Hochzeit und stellte chronologisch somit den dritten Treffpunkt unkonventioneller Denker und Literaten in der Herrengasse dar. Neben Friedrich Torberg konnte man – vor allem im Hinterzimmer – Alfred Polgar, Gina Kaus, Robert Musil, Hilde Spiel, Franz Blei oder Joseph Roth antreffen.

Auch Gustav Grüner, Freund von Friedrich Torberg und in der Folge immer wieder aufscheinender Name in Torbergs *Die Tante Jolesch,* war Herrenhof-Stammgast. Und so soll der Satz von ihm stammen: „Ein anständiger Gast stellt beim Verlassen des Kaffeehauses seinen Sessel selbst auf den Tisch." (Wobei er diesen Grundsatz auch in anderen Kaffeehäusern anwendete.)

Der Journalist Anton Kuh wiederum nannte das Kaffeehaus einmal „eine Remise für wartende Frauen" (ob seines großen Tanzsaals im Keller); es sei ein Ort, in dem „statt der Zeitung die Zeitschrift nistete, statt der Psychologie die Psychoanalyse und statt des Espritlüftchens von Wien der Sturm von Prag wehte".

FRAUENPOWER

Abgesehen von den bereits oft genannten männlichen Literaten machten auch zwei Frauen in diesem Kaffeehaus von sich reden (immerhin war es ja schon sechzig Jahre her, dass es Frauen erlaubt worden war, in Kaffeehäuser zu gehen): Gina Kaus und Milena Jesenská.

Gina Kaus hieß eigentlich Regina Wiener. Sie war Schriftstellerin, Drehbuchautorin und Schwester der berühmt-berüchtigten „Hitler-Spionin" Stephanie Richter.

Besonders häufig frequentierte Gina Kaus das Café Herrenhof während ihrer Liaison mit dem dreißig Jahre älteren Großindustriellen Joseph Kranz (von dem sie sich zwecks finanzieller Absicherung adoptieren ließ).

„Ich ging, wann immer ich konnte, zu ihnen ins Café Herrenhof", schreibt sie in ihrer Autobiographie, „meist nach dem Mittagessen, wenn Kranz schlief, und man fast immer vollzählig zum ‚schwarzen Kaffee' beisammen war. Blei (Franz Blei, der Schriftsteller, mit dem sie Ehemann Kranz vom ersten Tag an betrogen hatte, Anm.) hatte durch seine Persönlichkeit mehr als durch seine geistige Überlegenheit diesen Kreis gebildet. Die Männer schätzten, aber sie überschätzten ihn nicht, ich hörte manchmal kritische, nie eine abfällige Bemerkung."

Hermann Broch, ebenfalls Teil der Kaffeehaus-Gruppe, antwortete seinem Bruder auf die Frage, warum er täglich ins Herrenhof ging: „Weil die Leute dort so gescheit sind." Daraufhin kam sein Bruder eines Tages mit. Doch er betrat das Lokal genau in dem Moment, als die Frau von Robert Musil ihr Gesicht zur Tür wandte. Eine Frau, die gemeinhin als hässlich bezeichnet wurde – zumindest behauptete Gina Kaus das. Brochs Bruder fand das aber wohl auch. Diesen Anblick wollte er nicht aushalten, auch wenn das bedeutete, dass er somit auf die intelligenten Leute des Herrenhofs verzichten musste: „So gescheit kann man hier gar nicht sein", erklärte er Hermann Broch, machte auf der Stelle kehrt und kam nie wieder.

Gina Kaus, die zwar ein großer Fan des Romans *Die Verwirrungen des Zöglings Törleß* und somit von Robert Musil selbst war, aber wie gesagt nicht von seiner Frau, erfreute sich an dieser Anekdote besonders.

Lange Zeit wurde Gina Kaus eher als skandalumwitterte Freundin, denn als eigenständige Künstlerin gesehen. Doch sie schrieb für diverse Publikationen wie die Illustrierten-Zeitschriften *Die Dame* oder die *Wiener Arbeiter-Zeitung* und verfasste knapp ein Dutzend Dramen und Romane. Joseph Kranz, der sich wohl als Ginas Mäzen sah, richtete ihr in der Nähe der Strudlhofstiege sogar eine Atelierwohnung ein – wo sie stets schrieb, wie sie in ihren Memoiren beteuert, und sich nie mit Blei vergnügte.

Einer ihrer Romane – *Der Teufel nebenan* – wurde Mitte der 1950er-Jahre verfilmt. In den Hauptrollen spielten Lilli Palmer und der Charmeur und Hochhaus-Bewohner Curd Jürgens.

Milena Jesenská.

Eine gute Freundin von Gina Kaus, die als Journalistin ebenfalls äußerst aktiv war, heute jedoch meist nur mehr als Kafkas Freundin bekannt ist, war Milena Jesenská.

Milena war 1918 nach Wien gekommen und besuchte wenig später das Café Herrenhof. Sie hatte sich in den Literaturkritiker Ernst Polak verliebt und ihn – sehr zum Missfallen ihres Vaters – geheiratet. Bei ihren ersten Besuchen im Café Herrenhof sprach sie noch kaum Deutsch; nur wenige Jahre später wird sie Kafkas Werke ins Tschechische übersetzen.

Damals erzählte man sich die tollsten Geschichten über Milena. Dass sie Geld verschwende wie eine Wilde. Dass sie, um rechtzeitig zu einer Verabredung in Prag zu erscheinen, die Moldau durchschwamm. Dass sie um fünf Uhr morgens im Park verhaftet worden war, weil sie dort Blumen gepflückt habe, die ihr Freund so liebe. Ihr Leben schien eine Kerze zu sein, die an beiden Seiten angezündet worden war.

Für Gina Kaus war Milena „die facettenreichste Freundin, die [sie] jemals gehabt ha[t]" – aber eine, die zum Stibitzen neigte. Einmal trat sie eine Stelle bei einem Schauspielerehepaar an und wurde zwei Wochen später verhaftet, weil sie Kleider gestohlen hatte. Wie sie später erklärte, war sie „in erotischer Krise" gewesen und hatte kein Geld gehabt, „um sich hübsche Kleider zu kaufen".

Einmal stahl sie auch von Gina. Eine Brosche.

Jahre später sprach Gina Milena auf die Brosche an, worauf Milena ärgerlich erwiderte: „Das weißt du doch sowieso. Es wäre dir bloß unangenehm gewesen, wenn ich es dir gestanden hätte."

Die Kaffeehaus-Literaten verbrachten so viel Zeit im Kaffeehaus, dass sie von den dortigen Vorkommnissen Rückschlüsse auf die Welt draußen zogen. Bereits angesprochener Torberg-Freund Gustav Grüner wusste, dass es wieder Frühling war, „wenn die Tür in die Herrengasse aufgemacht wird". Auch die Nachricht vom Ende des Großen Krieges ereilte die Herrenhof-Runde im Kaffeehaus.

Als Gina, Milena und Franz Werfel eines Tages mitbekamen, dass sich gegenüber des Kaffeehauses, beim Landtagsgebäude eine Menschenansammlung gebildet hatte, gingen sie auf die Straße, um nach dem Rechten zu sehen.

Auf dem Balkon stand der sozialistische Abgeordnete Leuthner: „Ich sehe, was Sie nicht sehen können! Ich sehe die ehernen Bataillone der Arbeiter aus Floridsdorf und Simmering sich dem Stadtzentrum nähern!"

„Bravo!", rief daraufhin das Volk. „Der Kaiser muss abdanken!" Und: „Es lebe die Republik." Müde schleppten sich die Bataillone über die Straße; der Zug wollte nicht aufhören.

Milena, Gina und Werfel gingen daraufhin weiter in die Redaktion des *Tagblatts*. Das Redaktionszimmer war zum Bersten voll, erinnert sich Gina in ihrer Autobiographie. Es glich einer Irrenanstalt.

Auch Chefredakteur Tschuppik aus Prag hatte sich hier eingefunden. Er telefonierte, legte den Hörer auf und verkündete: „Das ist das Ende von Österreich" – „Mit wem hast du gesprochen?" – „Mit der Abwaschfrau. Sie hat gesagt, die kaiserlich königliche Sicherheitsverwaltung kann sie am Arsch lecken." – „Sonst nichts?" – „Kreuzweise."

MILENA „EIN MANN" JESENSKÁ

Liebestechnisch lief es für Milena Jesenská in Wien alles andere als rund. Ihre Ehe mit Polak befand sich auf dem Abstieg. Er hatte eine Affäre. Dafür hatte sie eigentlich Kafka (so weit man Kafka haben konnte). Zufrieden machte sie die Situation aber wohl trotzdem nicht.

Als Polak eines Tages bei der Lektüre einer ihrer Artikel auch noch schallend zu lachen begann, wurde es Milena zu bunt. Sie ließ sich von ihm scheiden und kehrte nach Prag zurück, wo sie erfolgreich journalistisch tätig war – und auch von ihren männlichen Kollegen mehr als ernst genommen wurde, wie sich in der folgenden Anekdote zeigt.

1937 hatte Ferdinand Peroutka, der Chefredakteur der liberal-demokratischen *Pritomnost*, Milena zur Mitarbeit herangezogen. Nach der Besetzung durch das NS-Regime soll sich folgende Szene zugetragen haben: „Am ersten Tag nach der Besetzung trafen sich die Redaktionsmitglieder der *Pritomnost* in einem Kaffeehaus. Man beriet, was nun zu tun sei. Niedergedrückt von der Ausweglosigkeit der Situation erging man sich in finsteren Prognosen. Da erschien mit einiger Verspätung Milena. Als sie zum Tisch trat, blickten alle auf, und einem Redakteur entrang sich der Ausruf: „Gott sei Dank, endlich ein Mann!"

Nach dem Einmarsch von Hitler in der Tschechoslowakei wurde Milena als Widerstandskämpferin verhaftet und ins Frauen-Konzentrationslager Ravensbrück gebracht. Auch hier konnte sie sich anfangs mit ihrem Mut und ihrer Kraft durchsetzen. Aber sie konnte das Lager nicht mehr verlassen: Mit 48 Jahren starb sie an den Folgen einer Nierenentzündung.

SCHLÜSSELÜBERGABE

In Wien wurden die Besitzerin des Café Herrenhof Béla Waldmann nach dem Anschluss Österreichs an Hitler-Deutschland 1938 enteignet und das Lokal „arisiert". Bevor die Besitzerin ging, soll sie dem Oberkellner Albert Kainz (der wegen einer Kriegsverletzung nicht einrücken musste) den Schlüssel in die Hand gedrückt und gesagt haben: „Vielleicht sehen wir uns noch einmal. Schauen Sie auf unser Geschäft."

Tatsächlich brachte der Kellner das Lokal nach Kriegsende zu einer kurzen Blütezeit. Doch 1961 wurde es vorübergehend geschlossen und 1967 in verkleinertem Ausmaß wiedereröffnet.

Heute befindet sich an der Stelle des Kaffeehauses ein Hotel der Kette Steigenberger, das als Hommage an die Kulturinstitution „Herrenhof" getauft wurde.

DIE ADELSFAMILIEN DER PALAIS IN DEN HEUTIGEN SCHLAGZEILEN

*Die Adligen von heute
sind nur die Gespenster
ihrer Vorfahren.*

Antoine Comte de Rivarol,
französischer Moralist und Übersetzer

SCHLOSS PORCIA

AUF DEN SPUREN DES UNFASSBAREN

Kameras, Infrarotlicht, Stimmaufnahmegeräte. Im Jahr 2009 fühlte man sich im Schloss Porcia in Spittal an der Drau (Kärnten) ein paar Tage lang an eine Folge *X-Faktor, das Unfassbare* erinnert. Tatsächlich hatte sich ein US-amerikanisches Filmteam für einige Tage einquartiert. Sie wollten dem angeblichen Spuk im Schloss auf den Grund gehen. Gräfin Katharina von Salamanca soll keine Ruhe finden.

Die Gräfin war eine Nachfahrin des spanischen Grafen Gabriel de Salamanca, der wiederum Anfang des 16. Jahrhunderts Großschatzmeister unter Erzherzog Ferdinand war und von seinem Herrscher 1524 mit der Grafschaft Ortenburg belehnt wurde. Von den österreichischen Ständen wurde Salamanca jedoch heftig angefeindet, und so legte er zwei Jahre später seine habsburgischen Ämter nieder. Seine Besitzungen durfte er aber behalten.

Dafür hatte er auch bereits einen neuen Plan: Einen? Herrschaftssitz im nahegelegenen Marktflecken Spittal. Siebzig Jahre dauerte der Bau des Prunkschlosses Porcia, das 115 Jahre im Besitz der Familie bleiben und in dem besagte Gräfin als letztes Mitglied dieser Familie residieren sollte.

Nicht nur, dass das Schloss Porcia auf Salamanca zurückgeht, auch das gleichnamige Palais in der Wiener Herrengasse 23 war kurzzeitig im Besitz von Gabriel de Salamanca. 1535 erwarb er die Wohnbauten an dieser Stelle von Wilhelm von Roggendorf, ließ die beiden Häuser mit Arkaden verbinden und mit Renaissancefenstern versehen.

Die beiden Häuser an dieser Adresse wurden im Laufe der Jahre von verschiedenen Besitzern immer wieder umgebaut, etwa den Hofkirchens oder den Losensteins, die im Laufe der Jahre zu Hofkirchen-Losensteins wurden. Das war insofern praktisch, denn als die Kosten für den Umbau das vorhandene Budget von Georg Andreas Freiherr von Hofkirchen überschritten, konnte seine Ehefrau Margarete von Hofkirchen geborene Losenstein das neue Palais und die Schulden übernehmen.

Jahre später waren es ebenfalls Schulden, die das Haus in den Besitz der Adelsfamilie Porcia brachten, deren Namen das Palais heute noch trägt.

Nachdem das italienische Friaul unter österreichische Herrschaft kam, trat die Familie Porcia in den Dienst der Habsburger. In der Folge begannen sie sich in Österreich anzusiedeln und erwarben in den 1660er-Jahren das Schloss in Spittal sowie das Palais in der Herrengasse. (Da sie jedoch nur kurze Zeit die Besitzer des Herrengassen-Palais waren, würde es eigentlich mehr Sinn machen, das Palais Hofkirchen-Losenstein zu nennen.)

Bereits 1750 wurde das Wiener Palais Eigentum des Staates und beherbergte eine Zeitlang den Verwaltungsgerichtshof, den Rechnungshof, den niederösterreichischen Stadtschulrat und heute die Administrative Bibliothek des Bundeskanzleramtes.

Kurz erwähnt seien an dieser Stelle die Stufen im vorderen Trakt ebenso wie die Wendeltreppe im ersten Hof. Die sind (ebenso wie die Feststiege im Palais Harrach) aus Kaiserstein, der auf Englisch „Royal Limestone" genannt wird. Bereits die Römer hatten in der Steinbruchgemeinde am Leithagebirge, in dem sich eine einzigartige Steinmetz-Bildhauer-Kunstkolonie entwickelt hatte, Steine abgebrochen.

KEIN PANTOFFELHELD

Zurück zu Katharina de Salamanca. Der Sage nach soll sie eine besonders harte Frau gewesen sein. Einzig ihr Sohn Johann konnte ihr Herz erweichen.

Als die Gräfin eines Tages ein rauschendes Fest auf dem Schloss feierte, wagten sich auch ein paar Bürger Spittals dorthin. Sie hätten so großen Hunger, ob sie nicht die Essensreste bekommen könnten? Doch die Gräfin dachte nicht daran. Sie verscheuchte die Männer und hetzte ihnen noch die Hunde ihres Sohnes hinterher. Einer der flüchtenden Männer konnte den Hunden nicht entwischen und wurde von ihnen zu Tode gebissen. Bevor er starb, verfluchte er die Gräfin: Auch ihr Sohn sollte von den Hunden zerfleischt werden. Die Gräfin konnte darüber nur lachen.

Doch der Fluch bewahrheitete sich: Als Johann versuchte, streitende Hunde auseinanderzubringen, wurde er von seinen eigenen Tieren in Stücke gerissen.

Seine Mutter starb wenig später aus Trauer. Kurz vor ihrem Tod beauftragte sie noch einen Maurer damit, all ihre Schätze einzumauern, damit nach ihrem Ableben (sie war die letzte Nachfahrin ihrer Familie) niemand Fremder etwas von ihrem Vermögen haben würde.

Um sicherzustellen, dass der Maurer das Versteck nicht ausplaudern würde, erschlug sie ihn nach vollendeter Arbeit mit einem Holzpantoffel.

Wie viel Wahrheit in dieser Legende steckt, ist schwer zu sagen. Diese Geschichte wurde jedoch nach dem Tod der Gräfin von ihren Untertanen verbreitet, und seit damals – so wird gemunkelt – findet die niederträchtige Frau keine Ruhe und wandere im Schloss Porcia umher.

In den Geschichtsbüchern lässt sich nichts Negatives über die Gräfin finden. Sie soll – ganz im Gegenteil – eigentlich eine stille und gütige Frau gewesen sein.

UNWÜRDIGES GRAB

Doch ob hartherzig oder gutmütig, der mutmaßliche Geist der Gräfin sorgte zu Beginn des 21. Jahrhunderts jedenfalls noch einmal für Unruhe. Vielleicht weil die Geister auf ihr unwürdiges Grab aufmerksam machen wollten?

Im Zuge von Renovierungsarbeiten anlässlich der 800-Jahr-Feier des Schlosses wurden in den 1990er-Jahren die Gebeine der Fürstenfamilie zur wissenschaftlichen Untersuchung den Särgen entnommen. Doch offensichtlich wurden diese Arbeiten nicht vollständig abgeschlossen, oder die Forscher waren einfach schlampig. Jedenfalls wurden die Gebeine mehr als zehn Jahre später im Stadtarchiv in alten Bananenschachteln entdeckt. Rasch wurden sie daraufhin in einer Ehrengruft am Spittaler Friedhof beigesetzt. Doch der Spuk nahm noch immer kein Ende.

„Salamanca spukt weiter", titelte jedenfalls die *Kleine Zeitung* 2007. Die unerklärlichen Vorfälle häuften sich. Immer wieder hätten Besucher des Schlosses den Geist der Gräfin im ersten oder zweiten Stock gesehen, besonders oft in den Arkaden. Die Gailtaler Psychologin Hannelore Weidacher soll fünf Nachrichten aus dem Jenseits protokolliert haben. Der damalige Museumsdirektor Hartmut Prasch konnte sich „das Zittern des alten Gebäudes in der Nacht nicht erklären. Genauso wenig wie deutlich vernehmbare Schritte, auch wenn niemand im Haus war". Auch ausländische Fernsehteams begannen sich für das Schloss zu interessieren. Zuerst kam RTL, dann reiste ein 16-köpfiges Team von „Ghost Hunters International" aus den USA an.

Ausgestattet mit professionellem Equipment wollten die Geisterjäger dem Spuk auf den Grund gehen. Zuerst inspizierte Chefermittler Robb Demarest mit seinen fünf Kollegen die Räume bei Tageslicht. Museumsdirektor Prasch führte das Team ins Schlafzimmer der Gräfin. Hier hatte Bürgermeister Gerhard Köfer kurz davor Geräusche gehört, die klangen, als würde jemand eine Kiste über den Boden schleifen. „Es war alles sehr beängstigend. Keiner hatte eine Erklärung dafür", sagte Köfer.

Dann ging es weiter in den dritten Stock, wo es kurz vor der Inspektion einen falschen Alarm gegeben hatte. Die Polizei war angerückt und hatte den gesamten dritten Stock durchkämmt. Plötzlich hörte man Schritte, die Toilettentür fiel ins Schloss. Die Polizisten zückten ihre Waffen – fanden aber niemanden. Das war umso kurioser, als es nur einen Stiegenabgang von diesem Teil des Gebäudes gibt.

Mit diesen Informationen ausgerüstet, drehten die Geisterjäger im gesamten Schloss das Licht ab und besuchten die Tatorte in der Finsternis.

Doch wenn es einen Geist gibt, dann möchte er offenbar nicht vor die Kamera. Mehr als ein paar Kratzgeräusche und Klopfzeichen, unerklärbare Schritte auf knarrendem Fußboden und ein wackelnder Tisch konnten nicht mit der Kamera festgehalten werden.

Bei der abschließenden Analyse erklärte Chefermittler Robb Demarest Museumsdirektor Prasch, dass er nicht mit Sicherheit sagen könne, ob es in dem Schloss wirklich spukt.

Und wo Gräfin Katharina von Salamanca den Familienschatz versteckt hat, bleibt auch weiterhin ein Rätsel.

FAMILIE HERBERSTEIN

„ICH BIN KEINE GNÄDIGE FRAU, ICH BIN GRÄFIN!"

„Ich möchte ein Leben führen, das Spuren hinterlässt", schrieb die 14-jährige Andrea Herberstein in ihr Poesiealbum. Und sie tat alles, um das zu erreichen.

Mit 16 schritt sie als Model über den Laufsteg.

Mit 20, Mitte der 1970er-Jahre, lernte sie unter der Salzburger Hautevolee den 17 Jahre älteren, bereits geschiedenen Otto Herberstein kennen. Acht Wochen später waren die beiden verheiratet. Sie brach ihr Jusstudium ab und wenig später folgten drei Kinder.

Für die Mitglieder der Familie Herberstein war die Verbindung eine Missheirat. In einem alten Adelsgeschlecht muss man auf den Stammbaum achten.

Seit 1287 ist die Familie Herberstein als Adelsgeschlecht in der Oststeiermark nachgewiesen, 1710 wurde sie in den Reichsgrafenstand erhoben. „Eh wieg's, dann wag's – so nachts wie tags" lautet das Motto der Familie, das auf einem Richtschwert aus dem 16. Jahrhundert graviert ist. Eine Reihe Feldmarschälle und steirische Landeshauptmänner waren aus der Familie hervorgegangen.

Etwa Feldmarschall Leopold von Herberstein, der Mitte des 17. Jahrhunderts von Prinz Eugen zum Kommandanten des Armeekorps gemacht wurde. Doch Leopold fühlte sich der Aufgabe nicht gewachsen. Er gestand die Schwäche ein, und Prinz Eugen war von der Ehrlichkeit und Loyalität so ergriffen, dass er ihn zum Vizepräsidenten des Hofkriegsrates erklärte.

Der Stammsitz der Familie liegt in der oststeirischen Gemeinde Stubenberg: das Schloss Herberstein, das im Laufe der Jahre niemals vom Feind eingenommen wurde.

Neben dem Schloss (inklusive 4.000 Quadratmeter großem Tierpark) war die Familie eine Zeitlang auch im Besitz jenes Palais in der Herrengasse 1–3, in dessen Erdgeschoß sich heute die Replik des legendären Café Griensteidl befindet. Wie bereits beschrieben, war das Grundstück Ecke Herrengasse/Schauflergasse 1861 durch Theresia Gräfin Herberstein (geborene Dietrichstein) in den Besitz ihrer angeheirateten Familie gekommen. Kurz vor der Jahrhundertwende wurde das alte Palais Dietrichstein abgerissen und durch einen Neubau ersetzt.

WAS KOSTET DIE WELT?

Doch zurück zu Andrea Herberstein, der Anerkennung und Geld zum Verhängnis werden sollte.

Nach ihrer Hochzeit legte sie jedenfalls großen Wert auf eine standesgemäße Ansprache: „Ich bin keine gnädige Frau, ich bin Gräfin", fauchte sie etwa einmal das Personal in einer Grazer Hotelbar an.

Sie war eine Frau, die das Rampenlicht suchte. Gut, ihr Charme und Engagement taten den Besitzstücken der Familie auch Gutes. Sie verwandelte das verwaiste Schloss, das sanierungsbedürftige Gasthaus und den Tierpark in einen Publikumsmagnet. In den frühen 2000er-Jahren sollen etwa 200.000 Besucher im Jahr durch die Anlagen spaziert sein. Das brachte einen Umsatz von rund 3,3 Millionen Euro ein.

In einem Interview erklärte sie 2001: „Ich bin wirklich stolz darauf, ein derartig großes Projekt mit so geringen Mitteln verwirklicht zu haben."

Obwohl – so gering waren die zur Verfügung stehenden Mittel

gar nicht. Zum Zeitpunkt des Interviews hatte das Land die Liegenschaften bereits mit mehreren Millionen, zuerst Schilling, dann Euro, unterstützt. Etwa für den Umbau anlässlich der Landesausstellung 1986. (310.000 Besucher kamen damals zu „Die Steiermark – Brücke und Bollwerk" aufs Schloss Herberstein.)

Damals kamen auch erste Vorwürfe auf: Weshalb ließ sie denn den Familiensitz auf Landeskosten renovieren?

Andrea Herberstein redete die Vorwürfe weg. Und jahrelang ging das auch gut.

1986 war übrigens auch anderweitig für Andrea Herberstein ein gutes Jahr gewesen. Denn sie lernte den amerikanischen Sänger Thomas Hampson kennen und lieben. Die Folge waren sieben Jahre Rosenkrieg mit ihrem Mann und etwa 90 Prozesse. Beendet wurden die Streitigkeiten erst durch den plötzlichen Tod Ottos 1994. Kurz davor war er noch eine neue Ehe eingegangen – seiner Exfrau wollte er nichts zukommen lassen. In seinem Testament gab es eine Klausel, die Andrea Herberstein für immer vom Schloss fernhalten sollte.

Seine Kinder ignorierten den Wunsch ihres Vaters. Offiziell leitete der Sohn Schloss und Tierpark, doch im Hintergrund zog Andrea Herberstein weiter die Fäden und stellte die finanzielle Unterstützung des Landes sicher.

2002 beteiligte sich das Land als stiller Gesellschafter. 2004 pumpte die damalige steirische „Frau Landeshauptmann", wie Waltraud Klasnic angesprochen werden wollte, mittels Ferialverfügung (also in Abwesenheit der eigentlich zuständigen Finanzlandesrätin) eine weitere Million Euro in den Betrieb. Offiziell für das Gironcoli-Museum, das dem gleichnamigen Bildhauer und Maler gewidmet ist. Klasnic galt als gute Freundin von Andrea Herberstein.

Nur wenig später tauchte eine weitere Überweisung von Klasnic an Herberstein auf. Diesmal in der Höhe von 5,8 Millionen Euro.

Doch die brodelnde Gerüchteküche hatte bereits Auswirkungen auf die Landtagswahlen gehabt. Waltraud Klasnic wurde abgewählt.

SELBSTANZEIGE

Der Umstand, dass nun ein belastender Rechnungshofbericht (2001) ans Tageslicht zu kommen drohte, veranlasste Verwalter Heinz Boxan 2005, eine Selbstanzeige durchzuführen. Damit brachte er die Causa vollends ins Rollen.

2006 begann der Untersuchungsausschuss. Dabei stellte sich heraus, dass im Laufe der Jahre knapp neun Millionen Euro an Staatsgeldern in Schloss und Tierpark geflossen waren. Gelder, die zu einem beträchtlichen Teil nicht für Renovierungs- oder Erneuerungsarbeiten des Grundstücks, sondern für den privaten Lebensstil der „Gräfin" verwendet worden sein sollen.

Lieferanten waren etwa dazu angehalten worden, falsche Rechnungen auszustellen. Einnahmen von Betrieben waren systematisch verschleiert worden. Rechnungen waren doppelt vorgelegt worden. Und dann gab es noch die sogenannte Nero-Kasse, eine eisenbeschlagene Schatulle, in der nicht deklarierte Einnahmen aufbewahrt wurden. (Man kann auch sagen: Schwarzgeld.) Das Geld wurde für die unversteuerte Bezahlung von Dienstleistungen oder private Zwecke verwendet. Laut einem Artikel in *Die Zeit* aus dem Jahr 2008 sollen in guten Monaten 14.500 Euro allein durch Ticketschwindel in der Nero-Kassa gelandet sein.

In der Familie Herberstein verhärtete sich die Front gegen Andrea: „Aufgrund von Andreas Verhalten werden wir plötzlich als Grafenpack gesehen. Ein kerngesunder Land- und Forstwirtschaftsbetrieb ist unter meinem Cousin Otto verrottet und wurde von einer Pseudogräfin endgültig zerstört. Es besteht sogar die

Gefahr, dass die Familie alles verliert", wird Johann Georg Herberstein in *Die Zeit* zitiert.

Vor Gericht hörte er sich dann doch anders an. Er habe keinen Moment gezögert, der Familie mit einem Kredit beizuspringen, als es eng wurde, heißt es 2008 in einem Artikel des *Standard*. Es sei wichtig gewesen, „dass wir alle zusammenhalten".

Andrea Herberstein wiederum hielt während des Prozesses an ihrer Aussage fest, den Betrieb wirtschaftlich gerettet zu haben.

2008 wurden sie und ihr ehemaliger Verwalter Boxan wegen schweren Betruges und Abgabenhinterziehung verurteilt. 15 Monate Haft (fünf davon bedingt) und 272.657,18 Euro Geldstrafe lautete das Urteil für Herberstein in erster Instanz. Nach ihrem Einspruch und der Begleichung der Betrugssumme von 38.000 Euro wurde sie vom Oberlandesgericht zu 21 Monaten Haft, davon sieben Monate bedingt verurteilt. Schlussendlich wurde ihr die Zeit im Gefängnis doch erspart. Sie bekam Fußfesseln.

Ihr Sohn wurde rechtskräftig freigesprochen. Die Verfahren gegen Thomas Hampson wurden eingestellt.

Der Tiergarten wird seitdem von der Steirischen Landestiergarten GmbH geführt.

LITERATURVERZEICHNIS

Altenberg, Peter. *Fechsung*, Berlin: Fischer, 1915.
Arneth, Alfred Ritter von (Hrg.): *Briefe der Kaiserin Maria Theresia an ihre Kinder und Freunde.* Band III. Wien: Wilhelm Braumüller, 1881.
Aretz, Gertrude: *Marie Louise. Erzherzogin von Österreich, Kaiserin der Franzosen, Napoleons zweite Ehefrau. Biographie.* Hamburg: Severs Vlg, 2013. Nachdruck der Originalausgabe von 1936.
Bato, Ludwig: *Die Juden im alten Wien.* Wien: Metroverlag, 2011.
Bobi, Emil: *Schattenstadt. Was 7.000 Agenten über Wien aussagen.* Salzburg: Ecowin, 2014.
Buber-Neumann, Margarete: *Milena. Kafkas Freundin.* München: Langen Müller, 1977.
Clary-Aldringen, Alfons: *Geschichten eines alten Österreichers.* Mit einem Vorwort von Golo Mann. Wien: Amalthea, 1996.
Cloeter, Hermine: *Zwischen Gestern und Heute. Wanderungen durch Wien und den Wienerwald.* 2. durchges. Auflg. Mit 48 Abb. Wien: Kunstverlag Anton Schroll & Co., 1911.
Czech, Hermann u. Wolfgang Mistelbauer: *Das Looshaus,* Wien: Löcker Verlag, 1984.
Feuchtmüller, Robert: *Die Herrengasse.* Wien: Zsolnay, 1982 (Wiener Geschichtsbücher, 28).
Friedjung, Heinrich: *Geschichte in Gesprächen: Aufzeichnungen 1898-1919*, Band 88. Wien: Böhlau Verlag, 1997. (Gräfin Larisch)
Grieser, Dietmar: *Alte Häuser – Große Namen, Ein Wien-Buch.* Niederösterreichisches Presshaus, 1986.
Gunther, Martin: *Als Victorianer in Wien. Erinnerungen des britischen Diplomaten Sir Horace Rumbold.* Aus dem Englischen übersetzt und kommentiert. Wien: ÖBG, 1984.

Haslinger, Adolf: *Karl Wlaschek, Eine Erfolgsgeschichte*. St. Pölten: Niederösterreichisches Pressehaus, 2005.

Hans Wilczek erzählt seinen Enkeln Erinnerungen aus seinem Leben. Hrg. v. seiner Tochter Elisabeth Kinsky-Wilczek. Graz: Leykam, 1933.

Henderson, Nicholas: *Prinz Eugen. Der edle Ritter. Eine Biographie*. Wien: Econ-Verlag, 1965.

Hofeneder, Veronika: *Der produktive Kosmos der Gina Kaus. Schriftstellerin, Pädagogin, Revolutionärin*. Hildesheim: Georg Olms Vlg, 2013.

Illies, Florian: *1913. Der Sommer des Jahrhunderts*. Frankfurt: Fischer, 2012.

Kaus, Gina: *Und was für ein Leben... mit Liebe und Literatur, Theater und Film*. Hamburg: Albrecht Knaus Vlg, 1979.

Kraus, Karl: *Die demolirte Litteratur*. Wien: A. Bauer, 1899.

Kraus, Wolfgang; Müller, Peter: *Wiener Palais*. München: Blanckenstein, 1991.

Kulka, Heinrich: *Adolf Loos. Das Werk des Architekten*. Wien: Löcker, 1979.

Loos, Lina: *Gesammelte Schriften*. Hrg. v. Adolf Opel. Wien: Edition Va Bene, 2003.

Mandl, Henriette: *Wiener Altstadtspaziergänge*. Wien: Ueberreuter, 1987.

Markus, Georg: *Was uns geblieben ist. Das österreichische Familienbuch*. Wien: Amalthea, 2010.

Markus, Georg: *Es war alles ganz anders. Geheimnisse der österreichischen Geschichte*. Wien: Amalthea, 2013.

Markus, Georg: *Alles nur Zufall? Schicksalsstunden großer Österreicher*. Wien: Amalthea, 2014.

Matzka, Manfred: *Vieler Herren Häuser. 20 Wiener Palais*. Christian Brandstätter Verlag.

Mayer, Gernot: „Maria Beatrice d'Este (1750-1829) als Auftraggeberin zwischen Italien und Österreich". Diplomarbeit. Universität Wien, 2012.

Meder, Iris u. Judith Eiblmayr: *Haus Hoch. Das Hochhaus Herrengasse und seine berühmten Bewohner.* Wien: Metroverlag, 2013.

Moritz, Verena u. Hannes Leidinger: *Oberst Redl. Der Spionagefall - Der Skandal - Die Fakten.* Wien: Residenz Verlag, 2012.

Palézieux, Nikolaus de: *Sternstunden der Musik: Von J.S. Bach bis John Cage.* München. C.H.Beck, 2008

Perinet, Joachim: *Annehmlichkeiten in Wien.* 3 Hefte. 1787f.

Polgar, Alfred: *Theorie des Cafe Central* (1927).

Riess, Erwin: *Der Zorn der Eleonore Batthyány. Ein Monolog.* Wien: Thomas Sessler Verlag, 2003.

Rumbold, Horace: *Recollections of a Diplomat.* Vol 1. London: Edward Arnold, 1902.

Rumbold, Horace: *Final Recollections of a Diplomat.* Vol 3. London: Edward Arnold, 1905.

Seberg, Alois: *Johann Pollet. k.k. Ober-Feuerwerker. Der Friedensheld im Freiheitskampfe. Ein Gedenkblatt anläßlich der 50jährigen Jubelfeier des 13. März 1848 von einem 48er Studenten der Wiener Universität.* Wien: Verlag von A. Pawlik, 1989. Preis 10 kr.

Streibel, Robert (Hrg.): *Eugenie Schwarzwald und ihr Kreis.* Wien: Picus, 1996.

Torberg, Friedrich: *Die Tante Jolesch oder der Untergang des Abendlandes in Anekdoten.* 31. Aufl. München: dtv, 2009 (1975). (dtv 1266).

Torberg Friedrich: *Die Erben der Tante Jolesch.* 13. Aufl. München: dtv, 2005 (1978). (dtv 1644)

Trost, Ernst: *Prinz Eugen.* Wien: Amalthea, 1985.

Veigl, Hans: *Einzelgänger & Exzentriker: Außenseiter wider den Zeitgeist.*

von Wallersee, Marie Louise: *Kaiserin Elisabeth und ich.* 2012. Nachdruck des Originals von 1935. Book on Demand.

Wagnerová, Alena: *Milena Jesenská.* Biographie. Mannheim: Bollmann, 1994.

Weigel, Hans; Christian Brandstätter und Werner Schweiger: *Das Wiener Kaffeehaus*. Wien: Christian Brandstätter, 1978.

Winkelbauer, Thomas: *Fürst und Fürstendiener. Gundaker von Liechtenstein, ein österreichischer Aristokrat des konfessionellen Zeitalters*. Oldenbourg: Oldenbourg Verlag, 1999.

Wurzbach, Constantin von: Biographisches Lexikon des Kaiserthums Oesterreich. 60 Bände. Wien, 1856–1891.

Zweig Stefan: *Die Welt von gestern. Erinnerungen eines Europäers*. Berlin: Fischer, 1970.

Mit freundlicher Unterstützung:

Kulturabteilung der Stadt Wien,
MA7 – Wissenschafts- und Forschungsförderung

BILDNACHWEIS:
S. 38 © Ewald Judt, S. 86 © Thomas Ledl, S. 107 © Belvedere/Natascha Unkart
Alle anderen Abbildungen stammen aus dem Archiv des Metroverlags.
Der Verlag hat alle Rechte abgeklärt und bedankt sich für die kostenlose
Zurverfügungstellung der Bilder. Konnten in einzelnen Fällen die Rechte-
inhaber der reproduzierten Abbildungen nicht ausfindig gemacht werden,
bitten wir diese, dem Verlag bestehende Ansprüche zu melden.

© **2016 METROVERLAG**
Verlagsbüro W. GmbH
info@metroverlag.at
Alle Rechte vorbehalten
Printed in the EU
ISBN 978-3-99300-247-3